律师说法

和房子有关的法律常识

王颖　著

中国华侨出版社

·北京·

图书在版编目（CIP）数据

和房子有关的法律常识 / 王颖著. —北京：中国华侨出版社, 2020. 2

ISBN 978-7-5113-8132-3

Ⅰ. ①和… Ⅱ. ①王… Ⅲ. ①房地产法—中国—通俗读物 Ⅳ. ①D922.385

中国版本图书馆CIP数据核字（2020）第 003251 号

●和房子有关的法律常识

著　　者 / 王　颖
责任编辑 / 王　委
封面设计 / 何洁薇
经　　销 / 新华书店
开　　本 / 890毫米 × 1240 毫米　　1/32　　印张/ 7　　字数/ 167 千字
印　　刷 / 河北鸿祥信彩印刷有限公司
版　　次 / 2020 年 5 月第 1 版　　2020 年 5 月第 1 次印刷
书　　号 / ISBN 978-7-5113-8132-3
定　　价 / 32. 00元

中国华侨出版社　北京市朝阳区西坝河东里77号楼底商5号　邮编：100028
法律顾问：陈鹰律师事务所
发 行 部：（010）64443051　　传　真：（010）64439708
网　址：www.oveaschin.com　　E-mail：oveaschin@sina.com

前 言

如果你觉得法律就是和杀人放火有关，那么你错了。这些极端的案子在生活中所占比例很低。

如果你觉得法律只有在打官司、上法庭时才用得着，那么你又错了。我们平时生活中遇到的问题和麻烦比法庭上审理的纠纷多得多。

不论你读了多少厚黑学的书，不论你听了多少成功学的讲座，你都无法保证自己不在生活中遇到与他人的纠纷和分歧。遇到这些纠纷和分歧的时候，你的那些厚黑学和成功学能帮到多少？这些东西在法庭上有多大作用？

现在请你来读一读这本书，本书中所述之故事均是真实发生过的，有些可能就发生在你身边。为了保护隐私，故事中的人名均为化名，但是故事主人公的烦恼和困扰都是存在过的。但愿你能从他人的故事里读出经验和教训，总结出属于你自己的生活智慧！

培养一点法律思维，减少一些麻烦，给自己的感性生活增加理性的料！

目　录

第一篇　买　房

一、买断学校福利房，到底买的是什么？ …… 003
二、商品房交付以什么为准？ …… 007
三、大产权房，小产权房，到底买哪一个？ …… 011
四、商住两用房，到底值不值得买？ …… 015
五、“假离婚”买房，就是一个伪命题 …… 019
六、妻子擅自签署合同，卖掉房屋，丈夫有权追回吗？ …… 024
七、分明已经签了合同、交了钱，却还是没有买到房 …… 028
八、以为“假离婚”能买房，结果却买到了债务 …… 032
九、谁的房子谁做主，有时候未必如此 …… 036
十、二手房“阴阳合同”，所谓何来？ …… 039

第二篇　租　房

一、房东要卖房，让提前搬家，怎么办？ …… 045
二、开发商想卖给谁就卖给谁，果真如此吗？ …… 049
三、房东要卖房，租客反对有效吗？ …… 052
四、铺面租赁合同中的转让费到底是什么？ …… 055

五、房租抵扣个税，好政策怎么落实？ …… 059
六、房租押金，到底能不能要回来？ …… 063
七、租期没到，房子就被拆了，怎么办？ …… 067
八、售房包租，并不像以为的那么好 …… 070

第三篇　房产继承和析产

一、风流父亲留下糊涂账：房子和古董该怎么分？ …… 077
二、委托他人卖父亲的房子，没有想象的那么简单 …… 083
三、独生子女继承父母房产，关键问题一定要知道 …… 087
四、百年四合院遇拆迁，谁能得到补偿？ …… 092
五、从未谋面的美国姑妈拿走了四合院的一半产权 …… 097
六、儿子去世，婆婆和儿媳如何分遗产？ …… 101
七、老人留下遗嘱由保姆继承房产，最后却事与愿违 …… 106
八、爷爷奶奶要把房子赠与孙子，应该提前得到子女的同意吗？ …… 111
九、爷爷去世几十年，房屋继承一团乱麻 …… 116
十、奶奶去世后留下的老公房，到底谁有权住？ …… 120
十一、再婚父亲的遗产，谁来继承？ …… 123
十二、再婚夫妻一方去世后，遗产怎么分？ …… 127
十三、抛夫弃子 20 年的女人，有权继承亡夫的遗产吗？ …… 131

第四篇　离婚房产分割

一、裸婚的好处，你不知道 …… 139
二、夫妻共同财产，哪能随便送人 …… 143
三、婚前买房，婚后共同还贷，离婚时

该怎么分这个房子？ …… 148
四、婚后父母资助买房，离婚时可以作为夫妻共同财产分割吗？ …… 153
五、一方的婚前房产，其产生的房租和增值部分，在离婚时能分割吗？ …… 158
六、夫妻共同债务的认定，实在不简单 …… 163
七、房产证加名就能拿到产权？未必 …… 168
八、“女强人”老婆独自打拼购买的房产，“家庭煮夫”有份吗？ …… 172
九、前妻要分交通事故赔偿金，可以吗？ …… 176

第五篇　物业管理

一、广告进小区，由谁来决定？ …… 183
二、邻居家漏水，要拆我家橱柜检修，如何是好？ …… 187
三、物业费，交还是不交，这是个问题 …… 191
四、公摊面积到底应该怎么用？ …… 195
五、物业公司要求交 40 年的车位费，这合理吗？ …… 198
六、高空坠物伤人，物业公司应该担责吗？ …… 201
七、屋顶漏水，能动用公共维修基金进行修理吗？ …… 205

第一篇　买　房

一、买断学校福利房，到底买的是什么？
二、商品房交付以什么为准？
三、大产权房，小产权房，到底买哪一个？
四、商住两用房，到底值不值得买？
五、“假离婚”买房，就是一个伪命题
六、妻子擅自签署合同，卖掉房屋，丈夫有权追回吗？
七、分明已经签了合同、交了钱，却还是没有买到房
八、以为“假离婚”能买房，结果却买到了债务
九、谁的房子谁做主，有时候未必如此
十、二手房“阴阳合同”，所谓何来？

一、买断学校福利房，到底买的是什么？

吴老师是北京某高校的青年教师，祖籍河北邯郸，作为引进人才，来到该校担任 IT 专业教师。进校时，学校分配给吴老师一套建筑面积 66 平方米的两居室，位于海淀区的最北端，说是学校为教职员工盖的福利房，离教学区只有一墙之隔。吴老师只需每月向学校交纳房租 980 元，其他水电气暖费用都有卡，自行购买使用就可以。

房子的事情解决了，吴老师的生活也渐渐地平静下来，安心在学校上班教书。大概一年多以后，学校的住房保障处忽然给吴老师发了一个通知，要求他在 3 个月内缴纳所住房屋的买断费用，共计人民币 225 万元。看着这张通知书，吴老师有点发蒙，他拿不出这笔巨款，也不明白为什么学校要求他买断福利房以及买断意味着什么。

吴老师的困惑并非没有道理，因为当初学校是以福利住房的性质，租赁给吴老师使用的。现在既然要求吴老师买断，那么，就必须明确吴老师买断的到底是什么。如果没有明确的标的，那么，吴老师支付的 225 万元岂不是打了水漂？

为了保护自己的合法权益，让自己的血汗钱花得明明白白，吴老师找到律师，决心把问题搞清楚，不被学校的通知蒙蔽。律师也觉得吴老师的顾虑是有道理的，毕竟 225 万元不是一个小数目，必须要弄清楚。

律师点评

学校分配给吴老师居住的房屋是学校福利住房，那么，我们可以判断出该房屋其实是学校根据北京市有关单位集资建房的规定，在其所拥有的教育用地上，为内部教职员工投资建设的福利住房。据吴老师介绍，该房屋是建设在大学校园里的，这也对土地性质给予了印证。

根据国家和北京市的单位集资建房的规定，此类住房属于政策性保障住房，因为土地性质的原因，不能等同于拥有完全产权的商品房。所以，这样的住房的产权并不完整，不能上市交易。

基于以上两点，律师认为，在学校没有改变房屋的保障性住房的性质之前，让吴老师买断的肯定不是房屋产权，而仅仅是使用权。如果是使用权买断，那么，价格如何评估，是否合理，买断使用权之后，吴老师拥有哪些权利等问题，学校和吴老师之间就必须要约定清楚，否则可能损害吴老师的利益。

律师建议

基于以上内容，即便学校和吴老师之间就房屋买断的内容和双方的权利都做了明确约定，也不能违反国家和北京市有关政策保障性住房的产权管理和上市交易的规定，也就是说，纵然学校和吴老师说明了房屋买断的是产权，但是，如果国家或北京市有规定，此类政策性住房的产权转让和交易受到限制，那么，学校和吴老师的约定就必须符合这些官方规定，否则就会导致约定无效。到时候，吴老师花费了巨资购买的产权，将面临无法转让或出售的情况，可能因此遭受损失。

目前状况下，吴老师在交纳费用给学校之前，必须和学校沟通清楚买断的到底是房屋产权，还是使用权，以及学校是否有权出售这些权利。不仅如此，吴老师还应该就款项交纳、房屋权利买断和学校应当承担的责任等内容订立书面协议，以保护自己的合法权益。

法律知识点

商品房：是指房地产开发企业经过政府部门批准，在国有土地上开发建设的、用于销售的房屋。此类房屋包括住宅、商业用房和写字楼等。商品房的最大特点就是可以在市场上自由买卖、转让、继承、赠与和出租，购买者拥有法律上规定的完整的房屋产权。

政策保障性住房：是指有关单位（也包括房地产开发企业）根据国家住房福利的法律法规或政策，享受土地、税收等方面的优惠建设的房屋。此类房屋通常只向特定人群出售（比如，经济适用房，只出售给年收入低于 6 万元的无房家庭），购买者拥有的产权并非法律规定的完整产权，其出售、转让、继承、赠与和出租都要受到较多限制。此类房屋的名称繁多，经常让人搞不明白，比如，经济适用房、集资共建房、危改房、回迁房、限竞房、共有产权房等。但是，不论名称如何变化，其性质都是福利住房性质，是开发单位在享受优惠政策的基础上建设的，是出售给特定人群的房屋。对于特定人群的界定和产权的限制，则要看不同性质房屋的具体规定，各地对此的要求也不尽相同。

公租房：全称是公共租赁住房，是住房保障体系中的重要形式之一。此类住房是政府提供给城市中非最低生活保障，但是住房困难的人群的。租赁满五年后，承租人可以按照综合造价的基础购买，购买后除了可以继承和抵押，不得出售、转让或赠与等。确因特殊原因需要转让产权的，则必须由政府回购，再次纳入公租房使用。

廉租房：也是住房保障体系中的重要形式之一，是政府提供给城市中的符合最低生活保障且住房困难的人群的。廉租房的租金即便跟公租房相比，也是低很多的。

二、商品房交付以什么为准？

段先生2014年和北京的一个开发商签署了《商品房预售合同》，购买了位于北京东四环外的一套住宅，合同约定房屋交付时间为2015年3月30日。合同签署之后，段先生按照合同的约定支付了首付款，并办理完毕按揭贷款手续，于2014年8月开始每月偿还银行贷款本息，同时就等着到期收房入住了。

可是，2015年3月30日，段先生却没有接到开发商的收房通知。小区业主微信群里有人披露，开发商资金紧张，房屋延迟交付。段先生很着急，因为他正在租住的房屋马上就要到期了，如果不能按时收房入住，那么，他们全家就面临无房可住的窘境。经过令人不安的等待，开发商终于在4月20日向段先生发出《收房通知书》，要求他在4月底之前办理入住手续。而此时段先生正在外地出差，无法按时收房，等他于5月5日来收房的时候，却发现自己购买的房屋因为几天前的一场大雨而损坏，阳台、窗台和临街的墙壁都被雨水泡了，出现污渍和霉斑。面对这样的情况，段先生认为开发商应当承担全部责任，为自己房屋遭受的损失进行修复和赔偿。开发商却拒绝段先生的要求，坚持说房屋自《收房通知书》要求的收房日开始，已经归段先生所有，相关的风险责任均由段先生自己承担。

双方争执不下，眼看自己租住的房屋的租期即将届满，而新房又迟迟不能入住，段先生心急如焚，找到律师，想了解一下自己的要求是否合理，接下来和开发商如何交涉，才能既节省时间，又能解决问题。

律师点评

既然要开发商承担法律责任，那么，就必须从法律角度来看，出现目前的情况，到底是谁的过错，只有这样，才能确定法律责任，也才能确定责任方。

房屋被雨水浸泡，遭受损失，这是谁的责任？当然是开发商的责任，因为这说明房屋的防水和密封存在质量问题，新房出现这种情况，实在是不应该。

段先生的房屋当时尚在开发商的掌控之下，有关房屋的风险和责任均应由开发商承担。即便是段先生未按《收房通知书》的约定办理收房手续，也不能免除开发商的责任，原因在于双方并未就此达成任何额外的协议。

开发商寄送给段先生的《收房通知书》里面虽然有“收房日期后，房屋的各项风险和责任由该购房人承担”的规定，但是开发商没有证据证明自己的确将《收房通知书》送达段先生手中了。段先生有理由认为只要没收房，房屋的风险和责任就还在开发商处，自己有权要求开发商交付符合合同要求的、没有质量问题的合格房屋。

律师建议

基于上述内容，律师建议段先生在和开发商沟通的时候，着重说明两点内容：

房屋质量问题。一场大雨就出现如此严重的损坏，说明房屋的防水和密封存在问题，要求开发商进行修复。

房屋交付时间不以《收房通知书》为准。开发商以此为由，要求段先生自己承担房屋受损的责任，没有法律依据。

法律知识点

根据《物权法》第六条的规定，不动产物权的设立、变更、转让和消灭，均应当按照法律规定进行登记。因此，段先生获得房屋产权必须通过登记才生效。也就是说，段先生正式取得房屋产权应自其完成不动产登记、拿到房屋不动产证之日起。

对于购买期房的购房者来说，收房入住日和获得房屋不动产产权证之间总是存在一个时间差，购房者和开发商之间约定房屋的风险和责任自房屋实际交付购房者使用之日转移给购房者是通行的做法，也符合谁使用、谁受益、谁负责的公平原则。对此，法律是支持的。注意，此次双方约定转移的是房屋使用过程中的风险和责任，并非房屋产权，因此也和《物权法》的规定并行不悖。

本纠纷中，开发商处于劣势的原因还在于，他们没有证据证明的确将《收房通知书》送达了段先生。法律上，“送达”是一个有着严格定义和含义的专业名称，指司法机关或民事主体将法律文件或司法文书送交收件人的行为。《收房通知书》对于段先生和开发商来说，都是非常重要的法律文件，其中有关于房屋交付时间和风险责任专业时间的约定。开发商在寄送该通知书的时候，应当保存好文件已经送交收件人并签收的凭证，比如，挂号信回执，或者快递签收单。但是，本纠纷中，开发商并没有提供这样的签收回执，无法证明他们已经提示段先生房屋风险责任转移的约定，无法证明段先生无正当理由迟延收房(在合同法领域，无故迟延收货或拒绝收货均可能导致违约责任，并承担相应风险和责任)。开发商工作不细致，无法为自己找到合理的免责理由，也就怪不得别人，只能为自己的疏忽买单了。

三、大产权房，小产权房，到底买哪一个？

大李从河南老家到北京打拼已经超过 10 年，眼看着儿子已经到了上学的年龄，频繁租房搬家会影响孩子的学习，而送回老家，又没人看管。于是，大李就想着在北京买房，给妻子孩子一个安稳的生活条件，就算没有户口，最起码有一个属于自己的家。

虽然交足了五年社保，符合北京购房资质要求，但是，大李仍然觉得购房梦离自己非常遥远，因为看遍北京六环外的房子，大李还是觉得贵，买不起。

“我搞装修的，我知道建安成本这么多年没涨多少，每平方米也就 3000 多元，房价怎么涨这么多？”大李有点愤愤不平，“就些砖头瓦块儿，就这么贵。怎么挣钱，都挣不出来啊！”

就在这个时候，一个老乡跟大李介绍，说在通州和燕郊交界、属于北京范围的地方，有一片小区在出售，价格很便宜，大概是市场价的一半左右。于是趁着周末，大李带着老婆孩子，赶到这个小区的售楼处。果然，这里的房子价格比其他楼盘便宜一半或三分之一，而且是现房，交钱就能入住。附近还有学校，虽然临近河北，但是交通方便，对于大李四处搞装修的人来说，住在哪里都差不多，反正是四六城的跑。

不过，买这个房子有几个特殊要求，却让大李有点不踏实，寻思着是否要谨慎出手。

首先，购房款不能按揭贷款，必须一次性支付。这让大李有点为难，因为手头现金不够，必须要向亲戚朋友借钱。

其次，房屋的产权证不是北京市建委统一核发的格式，而是房屋所在地乡政府发的版本。

小区里的水电气暖费用都是临时的，收费标准比民用的高很多，销售员说一年就能转为民用标准，但是不同意写在合同里。大李担心这是个“空头支票”，根本兑现不了。

可是，面对巨大的房价差额，大李还是想买下来，“就算水电气暖费用比其他小区贵，但是房价便宜啊，这些钱够交多少年水电费呢。”大李的账是这样算的。

大李东拼西凑搞到房款后，很快就买到了房子，当他开始装修准备入住时，住建部和北京市的有关部门再次发文，强调不会给小产权房转正，坚决杜绝出现新的小产权房。只不过，大李没有注意到这个消息，估计就算注意到了，他也已经无法改变事实了。

律师点评

小产权房不是一个法律概念，是民间约定俗成的一个说法，指的是未经土地出让环节，开发商未缴纳土地出让金而违法建设的商品房。这些房屋因为没有合法完备的土地出让、规划审批、建设施工等手续，建成之后，无法在国土和房屋管理部门登记备案，也就无法获得合法有效的《不动产证》(以前叫《房屋所有权证》)。所以，相对于那些可以获得合法产权证书的正规商品房来说，这样的房屋就被称为“小产权房”。

而正因为没有缴纳土地出让金，没有办理规划审批、施工许可等手续，开发商的建设成本就降低很多，他们的售价比正规商品房便宜，这也是小产权房能够大行其道的一个重要原因，特别是在房价高涨得离谱的时候。大家都想着，反正房子就是用来住的，有没有产权证也没关系。但是房屋是不动产，是耐用品，其建筑结构、施工工艺、质量监管都非常复杂，如果脱离主管部门的监督和管理，其风险还是蛮大的，绝非大家想象得那么简单。

律师建议

从法律角度上，不建议购买小产权房，严格来说，这些房屋就是违法建筑，如果当地乡镇政府或规划部门想进行整改、拆除，则购房人的房屋很难被保存下来。同时，其支付的购房款只能向收款人，即开发建设房屋的当地乡镇政府或其下属开发公司追偿。而这些收款方届时是否还存在，是否具备还款能力均不确定。购房人的风险是非常大的，可能面临财房两失的风险。北京、深圳、海南等地方治理小产权房的过程中，就出现了这种情况，解决起来非常棘手。

法律知识点

因为开发商建设“小产权房”没有缴纳土地出让金，所以，这些房屋的建设没有正规的规划审批和开工许可等手续，购房人也就无法进行房屋产权登记，无法拿到合法有效的《不动产证》（原来的《房屋所有权证》）。

《物权法》第六条已经明确规定，不动产物权的设立、变更、转让和消灭，应当依照法律规定登记。因此，无法进行登记的小产权房的物权是没有法律效力的，今后其继承、转让、赠与和抵押都会受到影响，无法进行。即便主管部门不予追究，能继续居住，但是，若干年后，如果发生继承或者拆迁，那么，房屋所有权人的权益不会受到法律保护，处于不稳定状态，继承或拆迁过程中，肯定会遇到阻碍。

由于小产权房的开发建设均没有合法正规的手续，处于监管之外，所以，这些房屋的质量、面积、维护保修等事宜均无保障，购房人如果遇到这方面的问题，则很难通过有效办法为自己争取权益，信息和证据方面是绝对的劣势，解决起来会非常麻烦。

四、商住两用房，到底值不值得买？

高先生是北京市民，夫妻名下已经有两套房了，一套是原来单位分的房改房，地点不错，但是没电梯，面积只有 54 平方米，家里老人孩子都不太方便。儿子上初中后，他又买了一套大一点的房子，101 平方米，带电梯，家里老人上下楼方便。没想到，这套大房子买完之后不久，房价就像火箭一样一飞冲天，随之限购限贷政策也出台了，高先生已经没有购房资格了。

老房子用来出租，每月的租金收入可以贴补高先生的大房子的银行贷款，高先生家对于房子暂时没有需求了。可是，自从儿子上高中之后，老婆和儿子之间因为学习爆发了激烈的冲突，家里老人心疼孙子，常常介入母子之间的争执，由此演变成一场涉及祖孙三代的家庭战争。夹在中间的高先生不胜其烦，就和老婆商量，想再买一套房子，只要有电梯，哪怕小一点也行，让老人们搬出去住，以此来化解家庭矛盾。

受制于购房资格的限制，高先生对于不限购、不限贷的商住两用房情有独钟，他觉得这种房子总价低、面积不大、有电梯、还能注册公司办公，既能满足他现在的居住需求，又很有投资潜力，可以作为资产将来留给儿子。

心里这样盘算着，高先生开始着手看房，并准备签约，却陆续听到了一些不同的声音，动摇了他购买商住两用房的决心。于是，他找到专业的地产律师，想了解一下商住两用房到底值不值得投资，把它留给儿子，到底是不是一个好方案。

律师点评

限购限贷以后，商住两用房火爆起来，一时风光无限。但是，这种房子并不适合所有人，特别是对于那些想作为投资、留给后代的购房人来说，这种房子可能真是一个陷阱。

商住两用房虽然不限购、不限贷，但是，首付比例高，水电收费标准高于民用标准。

商住两用房虽然可以居住、办公两相宜，但是，不能落户，购房人就是买了一个房子睡觉，那些附加在房子上的福利享受不到。

商住两用房虽然也是正规的商品房，购房人能够获得完整的产权，但是，此类房屋的土地出让年限只有40年或50年，期限届满时是否能够无偿续期，目前还不明确。

律师建议

在房价高企的环境下，房屋被赋予了太多功能，早已经不是一个简单居住的地方。因此，如果想不受误导，做出买房的理性判断，那么，还是建议将房屋功能回归到居住和实际使用上来。否则，所做决定很容易变形。

商住楼开发的初衷就是为了弥补城市办公场所不足的问题，并非为解决居住需求。因此，其开发、规划、设计、建设和施工均是为了办公。近些年，由于房价上涨太快，限购限贷政策出台，才让商住楼逆势成为住宅类的新宠，让一些人圆了住房梦，也让另外一些人开始炒作商住楼。

不过，北京已经出台了限制商住楼购买和交易的规定，让商住楼回归其办公使用属性，完全冻结了这个市场，使得投资商住楼的人损失很大。

鉴于此，是否购买商住楼还是要客观理性分析，不要受媒体和他人的不当影响。

法律知识点

商住两用房是指非住宅立项、建成后既可以居住又可以办公的房屋。

因为是非住宅立项，所以商住两用房具备住宅所不具备的优点：

第一，不限购，不限贷，购房人可以享受首套房贷款优惠。

第二，通常面积不大，总价低，适合首次置业、创业的年轻人。

第三，可以用来注册公司，居住办公两不误，降低生活和工作的成本压力。

也正因为是非住宅立项，商住两用房的缺点也是非常明显的：

第一，此类房屋的土地出让年限只有40年或50年，而《物权法》第一百四十九条当中规定的自动续期的规定只限于“住宅建设用地使用权”，商住两用房的土地是商业用地或综合用地，不符合第一百四十九条自动续期的条件。

第二，商住两用房虽然总价低，但是，房屋配套的水电暖等公共费用不是按照民用标准收取的，购房人在使用房屋时，不得不按照高标准缴纳几十年的高额费用。

第三，商住两用房不能落户，不是学区房，贷款时无法享受成数、期限和利率的优惠。

第四，当发生交易转让时，商住两用房的税费比例高于住宅(比如，目前不足 140 平方米住宅转让的契税只有 1.5%，而商住两用房契税则为 3%)，增值部分还有 20% 的增值税。

五、“假离婚”买房，就是一个伪命题

35 岁的小文是个典型的乖乖女，从小就乖巧听话，一路求学上进，不让家长操心。到了谈婚论嫁的年龄时，她又顺利找到优质男，在最美好的年纪将自己嫁了出去，过上了让旁人羡慕的小康加小资的安定生活。

2010 年领证之后，他们就在双方父母的资助下，购买了属于两个人的婚房，成为一结婚就有自己安乐窝的有房一族，让小文的朋友们羡慕不已。2012 年，为了迎接即将到来的宝宝，他们夫妻二人又靠自己的积蓄加贷款购买了一套大三居，身家骤增。小文坚强独立，七个月产假一满，就回到单位上班。公公婆婆来帮她看孩子，晚上就住在他们原来购买的第一套房子里。一家人彼此帮助，又都有自己独立的空间，婆媳关系融洽，生活一片光明美好。

2015 年，房价再一次出现迅猛上涨的势头。小文的老公在单位同事的撺掇下，萌生了买房投资的心思。但是，按照北京的限购政策，他们夫妻名下已经有两套房，无法再买第三套了。小文老公不死心，在到处看房的过程中，听说了有人通过“假离婚”，规避限购政策，实现了多买房的愿望。于是，小文夫妻两个就合计着签署了一份《离婚协议》，内容是：因为房屋尚有贷

款没有还清，所以他们夫妻名下的两套房均归小文老公所有，由他继续还款，小文不再享有房屋所有权，也不再负责还款。孩子的抚养权也归小文的老公，家中其他财产按照五五比例平分。拿着这份协议，两个人在民政局办理了协议离婚手续。离婚第二个月，小文就以自己的名义购买了一套房产，作为投资。大概半年后，小文和老公复婚，生活又回到了以往的轨道，除了他们自己和民政局的工作人员，无人知道他们离婚复婚的情况，他们始终住在一起，夫妻相称。

2016 年夏天，带孩子度假归来的小文，意外地发现有个昵称为“阿莲”的女子跟自己老公的微信聊天记录，其语言之露骨让小文脸红心跳。抑制不住愤怒心情的小文，当天晚上就质问老公微信聊天的事情，没想到，老公竟然面不改色地承认了，并表示他们已经交往快半年了，他觉得阿莲性格开朗，随遇而安，相处起来非常舒服。惊愕的小文感觉自己被欺骗、被侮辱了，她当即提出离婚。此时，小文老公却镇定地说：“那就离吧，反正也不是第一次离。”

精神备受打击的小文，一气之下带着孩子回到娘家，她再也不想看到那个男人满不在乎的表情。她发誓要让这个男人“净身出户”，为他自己的出轨行为付出代价。

可是，在小文咨询过律师之后，她的心凉了，这场因为男方出轨引发的离婚案中，小文无论从财产分割，还是孩子抚养权归属方面都不占优势，弄不好，“净身出户”的是她。

律师点评

在法律上，从来就没有“假离婚”一说。我国实行婚姻登记制度，合法婚姻自在政府民政机关登记之日起生效，自离婚登记之日起解除。这是唯一的标准，其他共同生活的情形均视为同居关系。因此，小文和老公拿着一份《离婚协议》办理完毕离婚登记手续之日，他们原来的婚姻关系就解除了，他们两个在法律上就是单身了。

在小文和老公复婚前，老公名下的两套房就是其个人财产，复婚后，这两套房就是其婚前个人财产，如果两个人之间没有进行特别约定，那么这两套房将始终是其个人财产，小文对此不享有权利。因此，在第二次离婚时，小文不能将这两套房作为夫妻共同财产，要求予以分割。

小文购买的第三套房产虽然是小文自己的名字，并且是在复婚前购买，但是，当时两个人居住在一起，属于同居关系。因此，该房产可以说是同居期间取得的财产，且有付款凭证可以证明，小文老公对于购买该房产也有出资，那么，如果她老公主张分割同居期间财产的话，他的要求也是合理的。

第一次离婚时，小文将孩子的抚养权交给老公，在当时，这只是一个随意的安排，并不代表小文不管孩子了。但是，到了第二次真刀真枪的离婚大战时，这个安排显然是对小文不利的证据。因为不明就里的人会认为，当时孩子不满 3 岁，小文就能够放弃孩子的抚养权，足以证明她对孩子没有感情和责任心。况且孩子一直由爷爷奶奶照顾，如果现在争取孩子的抚养权，将对孩子的生活造成比较大的影响。

虽然小文老公的行为属于出轨，对婚姻造成伤害，但是却并不是我国法律规定的必须赔偿的范围。只有出现了我国《婚姻法》第四十六条的情况，受害一方才有权要求赔偿。因此，本案中小文无法通过举证老公有婚外情来主张赔偿，也就更无法要求将其复婚前个人财产作为夫妻共同财产进行分割了。

面对着律师这样的分析，小文真是欲哭无泪。如果当时不是鬼迷心窍般非要购买第三套房，她和老公还可以在夫妻共同财产方面争锋。而且，孩子的抚养权问题也不会出现什么太大歧义，毕竟她是孩子的亲生母亲，虽然公婆照顾孩子多些，但是她除了出差，从来没有让孩子离开过自己，这一点无人能够否认。可是现在，她倒成了损失最大的人，面临着婚姻、家庭、房产和孩子抚养权的丧失。

律师建议

为了买房而“假离婚”，最后弄假成真的比比皆是，因此，还是建议大家谨慎对待婚姻。

婚姻登记并非只是一张纸，随之产生的个人身份变化、财产归属变化、家庭关系变化等都需要大家了解一下，这些均涉及个人权益和财产问题，不是那么随意的事情。

具体到上述本案的处理，小文只能从第一次协议离婚时的协议效力、所购第三套房屋的归属、平时家庭相处情况和孩子对自己的感情等几个方面，寻找证据，来说明实际情况，尽量减少损失。同时，需要打感情牌，毕竟两个人还没有彻底决裂，男方也是心中有愧，只要处理得当，小文最担心的“净身出户”的局面是不会出现的。

法律知识点

我国实行婚姻登记制度，合法婚姻自男女双方完成登记之日起成立。因此，所谓“假离婚”在法律上是根本不存在的，只要办理了离婚登记手续，婚姻关系就解除了。即便是生活一如既往，但是，法律上也是同居关系了，双方均是单身，维系原来的夫妻关系，只能靠道德约束了。

根据法律规定，一旦双方成立婚姻关系，彼此之间就有了法定的权利义务，就要对配偶承担一些责任和义务了，比如，忠诚义务、帮扶义务，等等。家庭是社会的细胞，也是一个社会经济体，两人面对生活中的种种，总比一个人力量大一些。更何况，还有繁育后代的任务。婚姻绝对不仅仅就是一张纸那么简单。

如果没有特殊约定，自结婚开始，两个人的身份就由单身变成已婚，对配偶负担一定的社会责任和义务，同时，自身收入也不再是一个人的了，变成了夫妻共同财产，要为家庭做贡献。

六、妻子擅自签署合同，卖掉房屋，丈夫有权追回吗？

童先生做梦也没想到，自己会碰到这样的事情，他甚至认为自己 50 多年的时间都白活了。不过，他向律师描述的经过的确有点匪夷所思：

童先生和妻子已经结婚快 30 年了，住在妻子原来单位分配的一套两居室里。房子是 10 年前分的，为了报销供暖费和物业费，产权就写了童先生的妻子一个人的名字。最近两年，因为照顾公公婆婆的事情，妻子和童先生经常发生矛盾，甚至爆发激烈争吵。几个月前，为了给公婆赡养费的事情，两个人又吵架了，童先生忍不住打了妻子一耳光，双方的关系降到冰点。妻子负气离家三个月，住在她的妹妹家。

本来，经过冷静考虑，童先生已经打算向妻子道歉，并接她回家的。可是，没想到，妻子见到他之后，坚决不同意回家，还在众人面前出言不逊，辱骂他和他的父母。忍无可忍之下，童先生也就赌气回了家，再也没有登门道歉。

可是，就在这个月初，几个陌生人来到童先生家，说自己已经购买了这个房子，要求童先生两周内搬家，否则就报警。一头雾水的童先生经过四处打听才得知，妻子已经将房屋出售，买家已经拿到了房产证，准备入住了。而购买房子的人，竟然是妻子妹妹的儿子，只不过入住时，这个孩子没有出面，才让童先生费尽周折打听情况。

不管卖给谁，房子也都已经过户给人家了，童先生面临着无家可归的局面。“这就是一个局，她们姐妹两个设计好的。”童先生和律师这样说。尽管如此，童先生没有证据证明这是一个局，更不知道如何保住自己的房子。“房子写的是老婆的名字啊，我能怎么办?”童先生欲哭无泪，束手无策。

律师点评

我国法律采用的是夫妻共有财产制为主的制度，原则上，法律认定夫妻关系存续期间购买的房屋，应当都是夫妻共同财产(除非另有约定)。很多时候，为了贷款，或者报销供暖费、物业费等情况的考虑，房产虽然为夫妻共同财产，但是却登记在其中一个人的名下，尽管如此，这并不影响房屋属于两个人共有的事实。

鉴于房屋是童先生和妻子婚后取得的，所以，尽管产权登记在妻子一个人的名下，也不影响童先生对房屋的共有权。既然童先生是房屋的共有权人，那么，妻子未经他同意，就擅自出售房屋的行为，就侵害了童先生的合法权益，其对外签署的房屋出售合同的效力待定，或者说部分无效。鉴于此，童先生可以提出合同无效的异议，如果妻子和买家不同意，那么，童先生可以向法院提出主张，要求法院裁决合同无效，维护自己的权益，保住房子。

律师建议

根据《物权法》的规定，不动产产权的取得以登记为准，因此，《不动产权证书》（以前叫房产证）是证明产权人对房屋享有产权的合法凭证。如果没有这个证，则与房屋有关的买卖、继承、赠与、租赁和抵押等行为都无法正常开展，并存在着一定的未知风险。

我国实行的是夫妻共有财产制为主的原则，只要没有特殊约定和法定例外情况，婚姻关系存续期间取得的财产都是夫妻共同财产。童先生和妻子的房屋是在婚后取得的，因此就是夫妻共同财产。虽然房产证上写的是妻子一个人的名字，但是，这改变不了房屋的共有性质。

如果童先生能够证明妻子和她妹妹串通一气，签署虚假合同，损害自己的合法权益。那么，童先生是有权要求将房屋买卖合同判为无效，撤销已经办理的房屋过户手续的。

法律知识点

法律上有“善意取得”制度，可以帮助童先生解决面临的困境。“善意取得”，即无权处分人将其受托占有的他人的财物（动产或者不动产）转让给第三人的，如受让人在取得该动产时系出于善意，则受让人取得该物的所有权，原权利人丧失所有权。

根据这个制度，第三人要想取得物的所有权必须符合以下这些条件：

第一，第三人受让这些物的时候必须是善意的，即不存在侵害他人的主观故意。

第二，第三人支付了合理的对价。

第三，被转让的物，应当办理登记的，已经办理登记。无须办理登记的，已经交付第三人。

如果妹妹和姐姐恶意串通，且未按市场合理价格支付房屋价款，那么，童先生完全可以获得法律支持，原房屋买卖合同会被宣告无效，妹妹的房屋产权被撤销。而妻子妹妹是否支付了合理对价，从合同价款和实际支付的款项情况，就可以看出来。如果存在这样的情况，童先生要求合同无效的胜算还是很大的。

七、分明已经签了合同、交了钱，却还是没有买到房

李先生的儿子要结婚，购买婚房就成了当务之急。通过房产中介的介绍，李先生认识了张阿姨，看中了张阿姨家的一套回迁房。这套房子位于西四环外不远处，交通方便，因为还没有取得房产证，张阿姨报出的价格比市场价稍稍低了几万元。

想着节省的几万元大抵可以买几件电器了，李先生觉得即便暂时没有房产证，也是可以接受的，应该问题不大。再说了，张阿姨还表示可以留一点尾款不用支付，等房产证办好之后再付。就这样，李先生和张阿姨在中介公司的见证下，签署了购买这套回迁房的合同，按照合同的规定，李先生分三次向张阿姨支付了将近 80% 的购房款。因为忙着儿子的婚事，李先生就没有急于要求张阿姨交房，而是约定三个月后腾空搬家即可。

可是，就在李先生一家紧锣密鼓地张罗婚房装修事宜的时候，却得知张阿姨已经将房子用更高的价格转卖他人。情急之下，李先生和中介公司的经纪人一起找到张阿姨，询问事情的原委。张阿姨却也不隐瞒，振振有词地说：“当时房子卖便宜了，现在房价涨得这么快，我也不能吃亏啊。你给的钱，我还给你就是了。”李先生何尝不知道房价涨得厉害，短短两个月的差价已经高达 30 多万元。可是，毕竟是签约在先，付款在先，李先生

不想跟张阿姨啰唆，只要求她继续履行合同，将房子过户到自己的名下。张阿姨听到这个要求之后，却说：“房子不可能过户给你了，因为房子已经卖给了别人，房产证都已经办理好了。”看到此种情形，李先生自知多说无益，愤而向法院提起诉讼，要求张阿姨继续履行合同，将房子过户到自己名下。可是，案件审理的结果却是李先生败诉，他没能要回房子。

律师点评

本案中，李先生犯了一个致命的错误，那就是他忽视了合同的网签程序和不动产登记的效力。买房子和买其他动产不同，不是签了合同、支付了买房的钱就算完事了，要想真正获得房屋的所有权，必须进行不动产登记。房屋产权的变更均以登记为准，换言之，即便是签署了合同，支付了购房款，只要没有办理产权的变更登记手续，那么购房人也只能主张债权，而不能主张物权。因此，在不动产买卖过程中，公示产权变动的网签程序和不动产登记手续对于买方来说，是保障其权利的关键步骤，不能省略，必须完成。

本案中，李先生购买的回迁房在出售时并没有房产证，按照法律规定，该房产是不能出售的房子，他们签署的房屋买卖合同不具备法律效力。也因为房屋尚未获得房产证，所以无法办理网签，作为买方的李先生主张房屋产权的权利也就无法保护。

张阿姨另行出售房产时，不知情的第三人按照当时的市场公允价格购买了房产，并且已经付清款项，办理完毕房产证，那么这个第三人在法律上被称为“善意第三人”，他的权利也应当得到保护。而且，为了保护交易的稳定性，保护依赖不动产登记的其他相对人的合法权益，已经获得房产证的善意第三人的权利优先于李先生对于房屋的合同权利。

正是基于上面的理由，李先生要求取得房屋产权的请求没有获得法院的支持，他只是得到了张阿姨返还的房款连同利息，以及损失赔偿。

律师建议

房屋是不动产，不动产的所有权设立和变动均须公示，而公示的方式就是记载于主管部门的不动产登记簿。这样的要求是为了保护不动产权利人和与之交易的相关的人。与房产有关的继承、赠与、转让、抵押都需要办理登记的。如果不重视这个要求，购买到已经抵押给银行，或者其他债权人的房屋的情况，也是有的。到时候花费巨资购买的房屋，无法居住，或者麻烦不断，则将得不偿失。因此，建议购房者还是要重视这个登记手续。

这一次官司打下来，耗时一年多，房价又涨了不少。拿到张阿姨返还的款项，李先生发现这些钱只够买五环的房子了。而张阿姨当时为了多赚 20 多万元而违约，在这个诉讼中作为被告，折腾半天，其多赚到的钱，也差不多都作为利息和赔偿付给了李先生。这一场纠纷，可谓两败俱伤——李先生为他当时的小算盘和疏忽付出了代价，而张阿姨不尊重契约、贪图眼前小利的行为，不仅让自己成为被告、陷入纠纷，而且也让获利尽失，白忙活一场。

法律知识点

在购买一手新房的时候，购房人和开发商签署完毕购房合同之后，都必须按照建委的要求，将合同进行网签备案，这样签署该购房合同的程序才算完成。这个程序其实不是不动产公示，但是，在期房的状态下，这个程序确保了开发商不会将房屋再另行出售给他人了，保护了买方的权益。待到房屋建成交付使用之后，购房人获得房屋的房产证（现在统一称为《不动产权证书》）的时候，才完成不动产登记手续，该证上记载的权利人是受到法律保护的不动产所有权人。

而在二手房买卖过程中，对于买方来说，首先要关心的就是卖方是否有房产证（《不动产权证书》），只有该证上记载的权利人才有权出售房屋。因为签约完毕之后，到买方正式获得自己的房产证（《不动产权证书》）之间都有几个月的间隔，所以，为了保护买方的权益，阻止卖方一房多卖，买卖双方应当将购房合同进行网签备案，以便使买方的姓名能够记录在官方的管理系统中。这样就将这套房产锁定在买方的名下了，只要不出现法定的解除合同的情形，买方可以安心地等待办理正式过户手续，直至取得自己的房产证（《不动产权证书》）。和不动产登记相类似的还有机动车登记。

因此，这些貌似烦琐的手续不是可有可无的，其背后的立法意图非常专业和周密。而且，遵守规则对于所有人来说都是一样的，规则本身平等地保护所有遵守它的人。

八、以为“假离婚”能买房，结果却买到了债务

要是时间能够重来，估计雨晴绝对不会选择“假离婚”这个方法来买房的。现在，看着银行发给自己的《催款函》，雨晴百感交集，不知该如何应对。

事情要从两年前说起，雨晴和老公为了购买第二套住房，而办理了所谓的“假离婚”，双方解除婚姻关系之后，雨晴就用自己的名义、单身的身份购买了另外一套住房。当然，购房的时候，雨晴采取的是银行贷款方式，每月向银行还款后，她的工资就所剩无几了，不过，日常开支都是老公负担，两个人的生活还是原来的样子。

好景不长，雨晴催促老公复婚几次，却被老公找各种理由拖延。发现不对劲的雨晴，偷偷翻看了老公的微信聊天记录，果然发现老公有出轨嫌疑。没费什么口舌，老公就承认自己喜欢上单位新来的实习生了。两个人卿卿我我一段时间了。看到老公满不在乎的表情，雨晴气得说不出话来。而老公的一句话却让她如五雷轰顶，无言以对，老公说：“我和你现在都是单身，我和谁好，都可以。就是住在一起，也没问题。我和你也是同居关系啊。”

和老公吵完架之后，雨晴气得回了娘家，把三岁的孩子也带走了。可是，一个月后，她就发现情况不妙。新买的房子是向银

行贷款购买的，贷款人是她，每个月还完贷款之后，她的工资根本不够负担她和孩子的日常开支。原来有老公的支持，现在，两个人分开了，雨晴也不想伸手要钱，日子马上就捉襟见肘了。接连两个月没有按时还款的雨晴，收到了银行的《催款函》，面临着被银行加入黑名单，个人信用受损的情况。而因为新房子购买的时候，是用雨晴一个人的名义买的，她和老公又至今是离婚状态，这笔债务无法视为夫妻共同债务，只能由雨晴一个人承担。想想未来的日子，雨晴六神无主。

律师点评

“假离婚”买房看起来找到了一条购房捷径，但是，很多人忽略了一个事实，由于现在房屋总价太高，大多数购房人都采用贷款方式购买。购买房屋的这一方，必须使用自己的名义到银行办理房屋贷款手续。于是，这一方就成了贷款人，需要承担按月还本付息的义务。法律上，这个负担只能是申请贷款的这方来承受，和前夫或前妻无关。

虽然当时做出买房和贷款决定的是夫妻二人，但是，一旦关系破裂，那么，未申请银行贷款的前夫或前妻其实是有选择权的，他（她）可以选择肩负责任，也可以甩手走开，在法律上谁也奈何不了他（她）。此时，就只剩贷款方一个人面对压力了。

律师建议

法律上根本没有“假离婚”的概念，所有的《离婚证》都宣告一段婚姻的终结。随之而来的就是两个人身份、财产和社会关系的变化，对于有些人来说，甚至心理上也有不同，尽管他们口口声声说一切照旧。

为了获得购房资格，或者首套房利率优惠而用婚姻做交换，风险实在很大，有些人更是付出了高昂代价。如果不考虑清楚这里面的是非曲直，利害得失，而只看到了收益，那么，有些情况的发生就很难预料，损失甚至无法承受。

对于雨晴来说，她只有两条路可以选择。第一，和前夫和解，继续维持原来的状态，让自己和孩子能够富足度日，同时要积极敦促前夫复婚，才能彻底使自己在财务方面安全一些。不过，这个方案需要前夫的配合，如果他不愿意维持原来的状态，一定要改弦更张，雨晴也没办法。第二，和前夫彻底摊牌，如果能够证明前夫和实习生的交往始于他们协议离婚之前，那么，雨晴有机会推翻原来的离婚协议，要求重新分配原来的夫妻共同财产，为自己争取更多利益。但是，这样做难度很大。更何况，也许前夫和实习生真的是离婚后才开始接触的，那么，雨晴就几乎没有胜算，只能在继续认可离婚协议的基础上，想其他办法，比如，要求前夫增加孩子的抚养费。

法律知识点

夫妻共同债务是指夫妻关系存续期间，为了家庭生活的需要而发生的对外债务，这个债务应当由夫妻双方共同承担，并不随着夫妻关系的解除而自行消失。而所谓“假离婚”后，一方出面购买房屋而向银行贷款，不是夫妻共同债务，无法要求夫妻双方共同承担。

前些年，多次发生夫妻一方利用这条规定，对外恶意欠债，导致离婚后，另一方成为债权人追索的对象。网络上还有人就此发起联盟，呼吁修改《最高人民法院关于适用〈中华人民共和国婚姻法〉若干问题的解释（二)》第二十四条中有关“夫妻共同债务认定标准”的规定。直到最近，最高法院才做出一些修改，但是，关于夫妻共同债务的认定的基本原则还是没有变。因为对于债权人来说，他们很难知道夫妻之间财产的分配情况，所以当夫或妻对外举债时，债权人很自然地就将此债务认为是夫妻共同债务。为了维护交易稳定，有关部门只能“两害相权取其轻”，将保护普通债权人的权益放在首位，夫或妻若对此有异议，要另行举证，以免除自己的责任。

鉴于此，申请贷款买房的一方在得到房屋所有权的同时，也负担了上百万的房屋贷款，如果他(她) 不能按时偿还贷款本息，那么，他（她）将被银行追索债务，个人信用记录将受到负面影响，今后的生活也许面临更多困境。这些都是他（她）必须一个人面对的。

九、谁的房子谁做主，有时候未必如此

电视剧《欢乐颂 2》的故事中，曲妈妈为了防范自己重男轻女的老公，不动声色地将大笔资金投入房地产，为女儿购买了诸多旺铺，这些铺面的产权人都是小曲。看着那厚厚一叠大红色的产权证，莫说小曲惊讶得花容失色，就是电视剧前的观众大约也会张大了嘴巴，心里不禁恨恨地叫道："原来爸妈有钱，是这个感觉啊！"

可是，用法律知识仔细想一想，就会发现这里面的问题：曲妈妈的钱从哪里来的？根据剧情介绍，曲家的财产都是他们两口子白手起家打拼来的，那么，曲妈妈用来买铺面的钱，自然也有曲爸爸一份，除非他们夫妻之间有特殊的财产约定。然而，纵观全剧，我们并没有找到这样的证据，相反，我们倒经常看到这样的桥段，即曲爸爸用来给败家儿子买车买房的钱，都有曲妈妈的份额，为此小曲还常常为妈妈打抱不平。那怎么到了曲妈妈这里，她用夫妻共同打拼的钱，偷偷地为自己的女儿买楼，就没问题了呢？难道她不是犯了和曲爸爸一样的错误吗？因此，曲妈妈买楼给女儿的行为，最起码侵害了曲爸爸的知情权，除非他们两个有额外的约定，明确了买楼的钱完全属于曲妈妈一个人支配。

不仅如此，根据剧情，小曲说这些铺面的价值相当于他们家

80% 的财产。如果曲家夫妻没有特殊约定，那么夫妻二人对于家庭财产是共同共有的关系，分配的时候，通常可以按照五五比例分割。因此，曲妈妈将相当于家庭财产 80% 的钱都用来买楼，并将产权落在自己女儿的名下，就是明显地侵吞夫妻共同财产的行为了。更何况，曲妈妈买楼的钱，绝对是笔巨款，现在这年头，谁会把那么多现金放在手上？她要是想买楼，必需要将诸如公司股权、其他资产性权益变现等方式筹措资金，那么，她瞒着曲爸爸做这些事情，肯定是侵害到曲爸爸的权益了。再考虑到，他们夫妻貌合神离，已经出现离婚端倪的状况，那么，曲妈妈的行为具有转移财产的重大嫌疑。一旦出现离婚诉讼，那么曲爸爸完全有权对财产转移提出异议，追回属于自己的那部分财产。甚至可以要求对曲妈妈的行为进行惩罚，让自己多分得财产。如果真是如此，那么曲妈妈的行为，可谓是“偷鸡不成蚀把米”。

剧中，小曲为了弥合父母之间的裂痕，主动提出返还房产。这只是为了煽情，因为即便小曲不退还，曲爸爸也是完全可以通过法律途径拿回来的。

律师点评

在现实中，转移夫妻共同财产的现象很常见，买楼只是其中一种。而不动产的权利取得必须经过登记。从买楼的时间、买楼的款项交易记录等信息完全可以确定曲爸爸追回财产的要求合理合法，获得法律支持的概率几乎是百分之百。这其实不是一个好的转移财产的方法。

如果小曲获得房屋产权资金的来源存在问题，侵害了曲爸爸的合法权益，那么，她名下的房产可能还真的不一定是她的。曲爸爸提出异议，要求返还被侵占的财产是合法的。

律师建议

再次重申，法律上没有“假离婚”，离婚登记手续办理完毕、生效时，婚姻关系就解除了，同时，与之相关的夫妻间的权利义务也随之消灭，比如，夫妻共同财产、夫妻共同债务、彼此忠诚、相互帮助等与婚姻家庭相关的内容都发生变化，不再和原来一样了。

因此，建议那些想利用法律和政策的空隙获取利益的人们，在处理婚姻事宜时，还是要三思而后行。一段关系的建立或解除会带来一系列的后果，在行动之前，大家必须想清楚。

法律知识点

夫妻共同财产是指婚姻关系存续期间获得的财产，除了双方另有约定，或者法律另有规定之外，在此期间取得的工资、投资收益、奖金、继承或赠与所得等都属于夫妻共同财产。

对于夫妻共同进行的生产经营活动所得的收益，形式不一定是现金，还可能是股权、知识产权等无形资产状态，但是，不管形式如何，只要是夫妻婚姻存续期间取得的，就都是夫妻共同财产。即便是有时候登记在一个人名下，也未必就是一个人享有的。因此，很多狡猾的夫或妻，要想暗中转移财产，会采用隐蔽的方法。像曲妈妈这种大手笔买楼的做法，实在是不够聪明，太过惹眼。

十、二手房“阴阳合同”，所谓何来？

陈阿姨和老伴都是大学老师，平时住在学校附近、单位分的一套两居室里面。前几年因为老屋拆迁，他们用优惠价格购买了回龙观的一套经济适用房。经过几年的市场变化，这套经济适用房早已经身价倍增。因为年老体衰，回龙观的位置又偏远不便，所以陈阿姨和老伴一直没去那套房子居住。最近一年，陈阿姨和老伴的身体状况愈发不好，虽有医保，但是医药费、康复费和营养费仍然是一笔巨大的支出。由于老两口只有一个独生女儿，还远在美国定居。所以，经过慎重考虑，陈阿姨和老伴决定卖掉回龙观那套房子，将筹集到的钱用于看病和请保姆，不给女儿增加负担。

于是，陈阿姨和老伴将房子在房产中介公司挂牌出售。很快，中介公司的经纪人就帮他们找到了买方，一对即将迎来宝宝的小夫妻。在房产中介公司签约的那天，小夫妻俩提出资金有限，税费太高，想将房屋价格 380 万元拆分为两部分，房价为 240 万元，装修款 140 万元。这样算下来，他们支付的各项税费将会减少将近 2 万元。陈阿姨和老伴认为房子根本没装修，就是毛坯房，却弄出来 140 万元装修款，担心日后有问题。可是，在中介公司业务员和小夫妻俩的反复游说和软磨硬泡下，他们还是同意签署三方《房屋买卖经纪合同》，其中约定了房屋出售价格为 240 万元，装修款为 140 万元。日后，在网签合同里面，房屋价格就是 240 万元，并依此纳税。

办理完毕网签手续之后，北京的房价像离弦的箭一样，头也不回地一飞冲天。陈阿姨在美国的女儿回国之后，认为房屋出售价格 380 万元太低了，当时的市场价已经飙升到 430 万元左右。于是，提出涨价，并以签署“阴阳合同”偷逃税款为理由，主张协议无效。而此时，小夫妻俩已经在办理贷款手续，银行核准的贷款额是以 240 万元的房价做基础计算出来的，如果房价再涨 50 万元，就需要他们自己掏腰包，用自有资金支付，这个是他们绝对无力承受的。于是，双方的协商陷入僵局。

经过协商无果之后，小夫妻俩将陈阿姨和老伴告到法院，要求继续履行双方之间的协议。在法庭审理过程中，关于三方协议和网签合同的效力产生了歧义。小夫妻俩作为原告，坚持网签合同是官方备案的文本，具备最强的法律效力，其中记载的 240 万元的房屋价格合法有效，应当按此合同执行。而陈阿姨的女儿作为代理人出庭的时候，认为三方协议才是双方当时真实的意思，房屋价格为 380 万元。但是，后面的网签合同才是正式备案的文件，其效力高于三方协议。而该合同又是为了避税签署的虚假合同，没有法律效力，应当解除。因此，要求收回房屋，另行出售。

法院在经过认真审理和多次协调之后，基于现在房屋价格飙升的社会现实，考虑到网签合同价格明显低于市场价格的情况，主持了调解，最终双方达成和解：双方继续履行三方协议的内容，房屋价格仍然按照 380 万元执行。

律师点评

陈阿姨一家遇到的事情涉及“阴阳合同”问题。所谓“阴阳合同”并非一个法律概念，但是现在已经有了约定俗成的含义，通常指当事人为了同一个合同目的，订立两份协议，一份对内，是当事人真实的意思表示。一份对外，是为了备案或者审批。

二手房买卖过程中的“阴阳合同”大量存在，还在于高房价的背景下，真实价格和政府指导价的差额确实巨大，利益驱使大家冒险。

律师建议

其实，解决“阴阳合同”问题并不难，只要主管部门有决心即可。比如，以前在建设工程施工领域中，曾经存在着大量的“阴阳合同”，经过招投标程序确定的中标人，和开发商签订的施工合同需要经过主管部门备案，这是“阳合同”。但是，为了获得施工项目，施工单位会和开发商签订“桌下协议”，即“阴合同”，压低价格。后来，最高人民法院的司法解释中规定只要“阴合同”中的价格和“阳合同”的价格不一致，其结算条款就无效。这样的规定大大地减少了施工领域中的“阴阳合同”的数量。建筑施工市场的规范，不仅使主管部门的监管更有效，而且也规范施工队伍、保证施工质量、减少施工事故、造福社会。

同理，用司法实践的方法坚决杜绝二手房“阴阳合同”，不仅能够减少二手房交易过程中的纠纷，更重要的是有助于规范市场、准确传导市场价格信息、制定更切实合理的房地产法律和政策，从而让广大消费者获益。

对于购房的双方来说，也一定要预见到政府或司法机关整顿市场、规范交易的措施和司法指导，以前“阴阳合同”横行于市，不代表今后能一直畅行无阻。

法律知识点

“阴阳合同”看似规避了法律，双方获得了实惠。但是，这个过程中的风险还是比较大的：

第一，小夫妻俩主张网签合同价格才是房屋交易价格，这其实使陈阿姨无法达到合同目的。陈阿姨面临资金损失风险。

第二，陈阿姨的女儿以“阴合同”是为了规避税收法律而签订，主张合同无效，想解除合同，则使小夫妻俩存在无法交易、房屋无法购买的情况，资金和时间成本的损失都非常大。

因此，“阴阳合同”并非看上去那么美好，它是一把“双刃剑”。

因为网签合同才是在主管部门备案的文本，所以陈阿姨女儿认为三方协议的效力已经在网签之后丧失，并以网签合同有偷逃税款为理由，请求网签合同无效，导致小夫妻俩的合同可能无法实现。从而达到另行高价出售房屋的目的。从理论上讲，陈阿姨女儿的说法并非完全没有道理。

虽然现在网签合同价格较低，但是，日后如果小夫妻俩再次出售房屋时，其可能面临较高的收益差，需要缴纳高额的收入所得税。现在省下的税款，也许会在未来支出。

“阴阳合同”的存在就是为了偷逃税款，一旦主管部门追查起来，双方均将受到处罚，其个人信用记录上也会有污点，影响今后的生活和工作。

第二篇　租　房

一、房东要卖房，让提前搬家，怎么办？
二、开发商想卖给谁就卖给谁，果真如此吗？
三、房东要卖房，租客反对有效吗？
四、铺面租赁合同中的转让费到底是什么？
五、房租抵扣个税，好政策怎么落实？
六、房租押金，到底能不能要回来？
七、租期没到，房子就被拆了，怎么办？
八、售房包租，并不像以为的那么好

一、房东要卖房，让提前搬家，怎么办?

丽丽的宝贝儿子今年 8 岁，为了让孩子“不输在起跑线上”，丽丽托关系，把孩子塞进一个区重点小学。可是，学校离家太远，不得已，全家开始乾坤大腾挪，在学校附近的小区里租了一套一居室暂时栖身。本来，丽丽和房东商量好租期是六年，房租每年上涨 5%。

当一家人刚刚适应新环境的生活时，丽丽接到了房东的电话，说自己手头紧，要卖房子，让丽丽三口赶快搬家。挂断房东的电话，丽丽就开始六神无主，要知道，这学区附近的房子很紧俏，价格高得离谱。当初之所以租一居室，就是因为租金太贵，他们夫妻俩负担不起大面积房屋的房租，好不容易找到这套一居室，价格是他们能承受的。可是现在，房东让他们一个月之内就得搬家，一点没有商量的余地。

“这么短的时间，我到哪里去找合适的房子呀?”丽丽见到律师朋友的时候，语气里都带着哭腔，“先不说搬家有多麻烦，单就找中介、看房子、交定金、打扫、收拾东西，就够累死人了，更何况，孩子马上期末考试，我哪里有时间弄这些破事啊?”

丽丽的遭遇勾起了律师朋友的往事，想当初，他自己也有过被房东逼着搬家的经历。通常情况下，房东让租客提前搬家，都会寻找奇葩借口(估计他们自己也知道，自己的这种做法是违约，心中有愧吧)，其中最常使用的就是自己要卖房，不能让租客住了。每当这个时候，很多租客都是一脸无奈，不知道该怎么办。总有一种“人在矮檐下，不得不低头”的凄凉。

不过，根据法律规定，情况却并非大家想象的那么悲观，随意毁约的房东常常也是很难如愿的。

律师点评

《合同法》第二百二十九条中有明确规定，租赁物在租赁期间发生所有权变动的，不影响租赁合同的效力。

租赁合同履行期间，房屋所有权人不得以房屋已经转让给他人为由，提前解除原来的租赁关系。同时，新的买受人也不得以房屋所有权转让为由，否认原来的租赁关系。因此，房东不能以房屋出售为由，要求租客提前解除租赁合同，让其搬走。遇到这个情况，房东只能和租客好好商量，断没有理直气壮地要人家搬家的道理。如果租客坚决不同意搬家，不接受房东的租金赔偿，就是要住到租赁期限届满，也是合法的。

律师建议

房屋出售不影响租约的履行，因此，房东出售房屋不是提前解约的理由。丽丽完全可以不理会房东的要求，继续居住。

如果房东执意要丽丽搬家，那么，他必须跟丽丽友好协商，给予丽丽适当的租金补偿和充足的搬家时间。这个时候，丽丽是占据主动权的，完全不必着急焦虑。

通常卖房前，业主都要带意向买家来看房。如果房屋是带租约的，那么，看房时，业主必须征得租客的同意，才能进屋。因此，如果房东和租客关系不融洽，剑拔弩张，那么，租客不同意买家看房，会对房屋交易造成影响。在谈判租约是否解除，和如何解除的时候，租客完全可以利用是否同意看房来制约房东的嚣张气焰，帮助自己跟房东达成合理的解决方案。

法律知识点

上述《合同法》第二百二十九条的规定，就是平时常说的“买卖不破租赁”原则。

除了“买卖不破租赁”原则之外，还有“优先购买权”的规定，即《合同法》第二百三十条规定“出租人出卖租赁房屋时，应当在出卖之前的合理期限内通知承租人，承租人享有以同等条件优先购买的权利。”因此，如果房东没有将房屋出售的消息提前告诉租客，而是临时通知租客搬家，那么，租客除了可以依据上面的“买卖不破租赁”的规定进行对抗之外，还可以以“优先购买权”受侵害为由，要求主张房东和购房人之间的合同无效，从而保护自己的租赁权。

不过，法律的体系是严密的，现实中，为了防止租客滥用“优先购买权”，影响正常的房屋交易，法律规定租客在得知房东将要出售房屋的消息之后的15天内，要向房东明确表示是否购买该房屋。如果租客没有在期限内做出购买房屋的表示，或者明确表示不购买房屋，那么，房东就有权将房屋出售，租客不得以“优先购买权”受损害为由，提出任何主张了。

无论是“买卖不破租赁”还是“优先购买权”，都是从法律上、制度上保护租赁关系的稳定性，最大限度地体现“房子是用来住的”这个原则。这些规定和制度安排不是中国的专利，而是我们向西方国家学习的结果，比如，在德国，房东每年房租的涨幅比例不得高于5%。如果房主有所违反，那么他们是要吃官司的，而且必输无疑。而号称自由市场经济的美国，源自战时的“房租管制法”在一些地区沿用至今，比如，纽约，大约120万套房子受到房租管制法的影响，年租金涨幅只有2%左右。

另外，住建部新出台的《住房租赁和销售管理条例》中，也对房屋出租行为进行了比较细致的管理监督，比如，规定租金按月支付，出租方不得扣留押金，出租方不得无故擅自进入出租房内，等等，都对租客的权益保护进行了加强，缓解了租客的压力。

二、开发商想卖给谁就卖给谁，果真如此吗？

赵先生一直承租某开发商的一个楼盘底商做生意，短短两年时间，他经营的火锅店红红火火的，顾客盈门。可是，某天开发商的代表却来通知他，说底商已经被出售给他人了。赵先生表示非常生气，他认为开发商在没有通知他的情况下，就擅自将他所承租的房屋出售给第三方，侵害了他的“优先购买权”。于是，他主张开发商撤销与第三方签署的房屋买卖合同，然后按照相同的价格和条件，将房屋出售给他。

经过协商未果之后，赵先生找到律师，怒气冲冲地要将开发商告到法院。可是，经过律师了解情况，却发现，自房屋交付使用开始，开发商就将底商出租给不同商家经营使用。后来，因为要回笼资金，开发商就将这些底商拿出来出售。他们在底商的共用大厅里面张贴了广告，还挨门挨户地向经营租户发放书面通知，说明将要出售底商的计划，并要求所有租户限期到开发商处洽商购买底商商铺的事宜。而恰在这个时候，赵先生陪怀孕的妻子在美国待产，他的经理没有将这个消息及时告诉他（这里面还涉及一个“表见代理”的问题，后续讨论）。而根据法律规定，在房主发出出售房屋通知的 15 天之内，租户没有做出明确的购买房屋的表示时，视为租户放弃“优先购买权”，房主可以将房屋出售给第三方，而不违反租户的“优先购买权”。因此，本案中，如果赵先生以自己的“优先购买权”受到侵害而主张撤销房屋买卖合同是于法无据的，其诉讼请求很可能会被驳回。

律师点评

无论是“买卖不破租赁”还是“优先购买权”，都是从法律上、制度上保护租赁关系的稳定性，最大限度地体现“房子是用来住的”这个原则。

这些规定和制度安排不是中国的专利，而是我们向西方国家学习的结果，比如，号称自由市场经济的美国，源自战时的“房租管制法”在一些地区沿用至今，比如，纽约，大约120万套房子受到房租管制法的影响，年租金涨幅只有2%左右。事实上，租金管制法确实帮助了来纽约打拼的年轻人、普通艺术家、底层工作者的居住问题，没有让他们露宿街头。

律师建议

本案的焦点在于赵先生是否已经丧失了“优先购买权”，他的经理的表态是否能够代表他。

如果经理能够代表赵先生，那么，开发商向经理发送房屋出售通知，经理在限期内没有明确表示要购买房屋，就形成赵先生对开发商的意思表示，赵先生作为被代理人，必须接受这个意思表示的后果，即丧失优先购买权。

如果赵先生坚持说，他没有授权经理做出不购买房屋的决定，那么，他必须证明经理是越权做的决定。否则，开发商可以适用“表见代理”的规定，来否认赵先生的说法，从而证明赵先生已经丧失优先购买权，无权要求房屋出售合同无效。

本案中，赵先生是否能够挽回局面，“表见代理”理论的运用和相关证据的提供是最关键的部分。

法律知识点

法律规定租户“接到通知之后十五天之内表态”的内容，是为了防止租户滥用“优先购买权”这个权利。因此，我们可以看到，法律既要保护租赁关系的稳定性，赋予租户“优先购买权”，同时又要限制租户的权利滥用，设计了“十五天”表态期的内容。

不过，对于赵先生来说，如果决心打这个官司，他唯一的“稻草”可能就是他的经理的“表见代理权”。

表见代理，是指虽然行为人事实上无代理权，但相对人有理由认为行为人有代理权而与其进行法律行为，其行为的法律后果由被代理人承担的代理。表见代理从广义上看也是无权代理，但是为了保护善意第三人的信赖利益与交易的安全，法律强制被代理人承担其法律后果。

基于表见代理的定义，赵先生可以向开发商或法院提出异议，表示经理无权代表他处理有关底商购买的事宜，经理没有明确表示购买，不等于赵先生就不购买。从而让开发商发送通知的行为失效，为自己争取一个再次购买底商的机会。不过，这个努力是否会收到效果，还要看法律最后的判决。

三、房东要卖房，租客反对有效吗?

高阿姨有一套西三环边的老式两居室，外孙女出生后，高阿姨和老伴就搬到亦庄女儿家，帮忙照看外孙女。于是，老两口就将这套两居室出租，以弥补家用。

日子就这样过了 3 年多，高阿姨老两口早已经适应了亦庄的生活，那里人少，绿地多，每天跟女儿一家在一起，彼此有照应，踏实安定。忽然，一天，高阿姨的妹妹哭着找上门来，原来妹妹的儿子想结婚，却没有婚房，被丈母娘逼得没办法，已经得了抑郁症，医生说，再解不开心里的结，这孩子恐怕要废了。看着眼前憔悴焦虑的妹妹，高阿姨心里很难受。小时候，为了让学习成绩好的姐姐上学，妹妹自告奋勇放弃了上大学的机会，17 岁就进工厂当了学徒工。如今，日子过得紧紧巴巴，要不是条件不好，也不会至今买不起房，让儿子被逼得生病。

高阿姨和老伴商量，把自己的两居室低价卖给妹妹，帮他们一把。“房子、钱都是身外之物，多与少，有什么差别?”高阿姨看得很透彻。老伴和女儿也同意她的决定，血浓于水，不能眼看着亲人被逼疯啊。

可是，当高阿姨向租客提出卖房，让他们搬家时，住在房子里面的两个年轻人却口口声声说，高阿姨无权让他们走。“买卖不破租赁，您可不能这么做。我们有权一直住下去。”两个年轻人的话，让高阿姨心里直打鼓，“怎么自己的房子，自己反倒不能做主了？”

坐在律师面前的高阿姨举止优雅，文静贤淑，她非常想知道自己的这个决定是否违反法律，如果不违法，怎么能够尽快完成卖房的手续，让妹妹一家赶快从无房的焦虑中解脱出来。

律师点评

法律上的“买卖不破租赁”原则，是明确而清晰的，既然房东跟租方签署了合同，那么，只要租约没到期，租客就有权继续住下去。高阿姨想让租客立即搬走的想法是不切实际的。

如果高阿姨想让妹妹一家尽快入住，那么，她只能好言好语跟租客商量，并给予补偿，才可能求得租客的谅解，提前搬家。当然，租客也可以拒不配合，就要住到租期届满。

针对房东出售房屋，租客还有“优先购买权”的护身符，只不过，如果房东及时告知了租客房屋出售消息，而租客没有在15天内及时进行反馈，那么，房东就有权出售房屋，租客不能再利用此条法律规定，来追究房东的违约责任了。

不过，针对“优先购买权”，还是有例外规定的，那就是，如果将房屋出售给近亲属的时候，承租人不享有“优先购买权”。

律师建议

由于将房屋出售给自己的近亲属，租客不享有优先购买权，所以，本案中，高阿姨只需提前告知租客卖房的事情，就可以了，不必等待租客是否购买的回复。

不过，买卖不破租赁的规定还是有效的，如果租客不同意提前搬家，高阿姨也只能等租期届满才能让妹妹一家搬进来，除非她和租客达成提前搬家的协议。

法律知识点

“买卖不破租赁”和“优先购买权”都是保护租客的法律规定，其核心思想是稳定租赁关系。在现实中，租客经常使用，只要不是遇到非法黑中介，大多数情况下，还是比较好使的。毕竟房东出租房屋是为了赚钱，并非为了惹麻烦。

但是，任何权利的行使都不是无边界的，因此，为了让租赁合同双方间的地位均衡，法律针对租客可能出现的权利滥用，也制定了相应的制约。

这种制约表现在，根据法律规定，出租人将房屋出卖给近亲属的时候，承租人是不享有优先购买权的。近亲属包括配偶、父母、子女、兄弟姐妹、祖父母、外祖父母、孙子女、外孙子女。其他亲属不在近亲属之列，不受这条规定的保护。

因此，在本案中，高阿姨将房屋出售给自己的亲妹妹，那么，即便价格是市场价的二分之一，作为承租人的租客也无权主张“优先购买权”。如果租赁合同中对于房东出售房屋没有特殊约定的话，那么租客最多能够住到租期届满，然后就必须搬家走人了。

不过，在此种情形下，作为房东，高阿姨仍然需要及时告知租客房屋出售事宜，毕竟租客在这个问题上有知情权，这是对租客的尊重和保护，与租客丧失“优先购买权”并不矛盾。

四、铺面租赁合同中的转让费到底是什么？

蒋先生10年前就在住家附近的小区开了一家洗衣店，生意很好。随着社区规模的扩大，服务于社区住户的小便利店、理发店、洗衣店等如雨后春笋般涌现，而适合开设这些业态的铺面房也紧俏起来。也不知道从什么时候开始，有些铺面房在签约时，房东会要求承租方支付一笔转让费，这是租金之外的一笔费用。可是，它到底是什么性质的钱呢？还真没人研究过。蒋先生则根本没注意过，还是一如既往地做着自己的洗衣生意。

可是，当蒋先生的租约即将到期，想找房东续约的时候，却得知，有另外一个人正在找房东租房，开出的租金价格不仅比蒋先生高，而且还答应支付一笔铺面转让费。

“你要是想续租，那就也给我一笔铺面转让费，也不用多，跟那个人一样就行。”房东的话让蒋先生心头一凉。

“什么是铺面转让费？我怎么不明白？难道只交租金还不行？”蒋先生问，开店这么多年，现在他反倒觉得自己像个商场新人了。其实，蒋先生的提问很容易理解，因为铺面转让费根本不是一个法律概念，它只是一个约定俗成的民间说法，其外延和内涵都不清晰。但是，就是这样一个模棱两可的东西，却在铺面出租市场上大行其道，如果不弄清楚，还真是很容易产生歧义和纠纷。

律师点评

既然是租赁合同，那么就是房屋使用权的让渡协议。承租方支付租金，就是为这种使用权的受让支付了代价，是承租方使用房屋的代价。

所谓转让费，可以理解为房屋使用权转让的一笔费用。可是，租金不是承租方为使用房屋支付的代价吗？从这个角度来说，转让费其实没有任何法律地位，和租金是重复付费，不过是房东为了更快收回收益而获得的一次性费用。换言之，转让费和租金共同构成了承租人使用房屋的费用，都是房屋使用费用。只不过，转让费是房东一次性收取的，房租是按使用时间分期支付的。

律师建议

本案中，恰逢蒋先生租约到期，和房东商量续约事宜。此时，房东提出铺面转让费其实就是变相提高租金，且是一次性收取利益。对此，蒋先生应该从租用房屋的整体成本的角度来考虑，是否接受这样的要求。

另外，还可以看看原租约中，是否有“同等条件下，优先续约”的约定。因为通常情况下，租约里都有这样的条款，以此给予原承租人一定优先权，保护租赁关系的稳定。如果有，则蒋先生在同等租金和转让费的条件下，可以优先承租房屋，避免搬家和经营损失。

法律知识点

房东为了把自己的利益最大化，凭空创造出来“铺面转让费”，在租金之外，向承租方收取费用，如果原来租约里面没有约定“铺面转让费”，那么，房东的这个举动就是变更租约，承租方有权不接受，有权拒绝支付。

除了上面所述的情况，当租约到期，或者原租约解除的时候，原承租人也会向新承租人收取转让费，这个费用其实跟上面提到的房东收取的转让费还不太一样。因为原承租人是没有权利转让房屋使用权的（通常租赁合同中，房东都明文限制承租人的转让），所以，这个转让费就是原承租人装修、设备和构造物等无法移动的财产的弥补费用。这些费用的投入是原承租人的成本，如果他没有在租期中将其合理摊销，那么，这的确是他的损失。而新承租人不支付代价，就直接享有这些设施设备，好像不太公平，因此，原承租人适当收取一些转让费也是合理的。不过，这个转让费应视为设施设备的转让费，新承租人为此支付一些费用，也是应该的。只不过，此时的“铺面转让费”实质上应为“设施设备转让费”更恰当。

如果是房东向承租人索要转让费，那么，承租人应该和房东在合同里面约定清楚，这笔钱是什么性质的。如果仅仅是房屋使用权转让费，那么，和租金无异，属于变相抬高房租。因为转让费和押金不同，都是不退还的，所以，这笔钱是增加了承租人的成本负担。承租人综合考虑这些因素，和房东洽商租金条款，并以此做好自己的财务成本核算。

如果是原承租人向新承租人收取的，那么，新承租人同样要搞清楚对方为什么要这笔钱。最好的方法就是和房东、原承租人一起来商讨这个问题，不排除原承租人为了减轻自己的资金负担，转嫁转让费、却没有给新承租人带来任何实惠的情况。对此，新承租人一定要心知肚明，做好自己的成本核算以及未来的资金规划。

五、房租抵扣个税，好政策怎么落实？

2019 年新年伊始，小苏从单位会计那里拿到一张个税专项附加扣除信息表，会计大姐好心地嘱咐小苏“你的房租可以抵扣个税，每月少交小 100 块呢，够你自己吃一顿大餐呢”。

想象着自己每个月能有机会打牙祭，尝尝北京的特色美食，小苏开心极了。当他兴冲冲地找到房东，要求配合填表时，却遇到了房东大姐的一张冷脸。

“你什么意思啊？要我的个人信息，你想干吗？想涨房租啊？”房东大姐连珠炮似的问题，让小苏有点发蒙。

“我没别的意思，就是按照国家要求，想少交点税。这个跟涨房租有什么关系？您别误会啊，现在的房租正合适，您别涨了。”小苏手里攥着那张表，唯唯诺诺地走出房东的家门。

无独有偶，和小苏有同样遭遇的人还不少，律师事务所里的年轻律师们也在租房住，他们对于这样的境遇哭笑不得，虽然心里明白国家政策的良好初衷，但是也拗不过现实的残酷。减税，需要配套和过渡。

律师点评

房租抵扣个税，是国家的一揽子减税政策的一部分，目的是减轻租房人，特别是年轻人的生活压力，促进房屋租赁市场的发展和规范。这是国家给的福利，只要符合条件的人都有权享受。房东用加租威胁租房人，其实这侵害了租房人的合法权益，应当受到谴责和制止。

租房人提供租房信息，进行税务申报，既是他的权利，也是他的义务。在这一点上，房东的威胁其实是在和国家税法唱对台戏，涉嫌违法。只不过，我们多年来对这样的行为习惯于睁一只眼、闭一只眼，因此，才让房东变得特别嚣张，弄得租房人很紧张。这种行为要是放在国外，肯定会有税务部门的人找上门来，先质询和调查一番再说，弄得房东胆战心惊。比如德国，不要说阻止进行税务申报了，就是房东想涨房租，都要得到租客同意，否则就会吃官司。

律师建议

个人出租房屋不缴税涉及税收公平的问题，越来越受到社会的关注和诟病。特别是房源紧张、房租高昂的城市，“吃瓦片”已经成为一些人的生存方式，对年轻人的不良示范作用和误导日益加剧。

不过，多年来我国对于个人出租房屋没有进行过征税，导致大家都认为“不缴税”是理所当然的，房东们短时间内很难接受缴税的要求。

尽管现在的政策仅仅是要求填报出租房屋信息，用于租赁者的个税抵扣，但是，未来开展个人出租房屋缴纳个税是大势所趋。即便是房东不配合，不愿意提供出租房屋信息，阻碍个税专项抵扣填报，现在的大数据技术也已经通过房管部门、金融部门等其他渠道了解房屋的基本信息。房东要想从阻碍租客填报个税抵扣来阻碍实施这项政策，无疑是不可能的。

宣传先行，循序渐进，兼顾历史和现实，让个税专项抵扣和出租房屋缴纳个税顺利推进，需要政府和社会的智慧和配合。一旦成功，其实可以优化我国的税收体系，造福更多企业和个人，帮助人们有更好的获得感。

法律知识点

房租抵扣个税是利国利民的好事，但是因为多年来从未重视房屋租赁合同的备案，以及相关配套措施的制定和落实，所以，导致今天减税政策受阻。

租赁合同是保护双方合法权益的重要文件，对于房东和承租人都是一个保证。但是，多年来租赁市场的不规范，和房东的强势地位（其实未必真的强势，只是信息不对称，房源把持在中介手里，导致的假象），使得租赁合同形同虚设，而租赁合同的备案更是无从谈起。

租赁合同没有进行备案登记，使得政府权威部门根本掌握不了房屋租赁的实际情况，无法了解真实的市场数据，也就难以做出调整和规范市场的举措。如今，国家出台减税的好政策，却碍于对市场的把握不准、数据不全、措施不足等，无法真正落地执行，应该享受优惠政策的租房人难以享受到实惠。

至于税务申报是否会导致房东信息被政府掌握，继而增加缴纳房产税的风险等说辞，根本就是借口。只要是有房产证的正规房屋，政府部门早已经掌握产权人信息，虽然是否出租暂时无法了解到，但是房产税的征收并非以是否出租为必要条件的。租房人是否申报纳税，和房东是否被征收房产税，并没有关联。房东担心这个问题，并以此威胁加租，阻碍租房人享受国家政策，实属强词夺理。

六、房租押金，到底能不能要回来？

元元毕业后决定留在北京，看看自己能否打下一片天地。经过师兄的介绍，他找到了位于天通苑的一套合租房里的一间次卧，因为不向阳，面积只有 8 平方米，所以，租金每月 1300 元。和中介签合同时，元元按照要求一次性缴纳了 3 个月房租，并多交了两个月房租作为押金，一并给了中介。

靠着勤奋和良好的教育背景，元元在上地的一家互联网公司干得不错，因此，他也就在这间次卧里安顿下来，租赁合同一直延续，只不过租金水平从每月 1300 元，上涨到了每月 1600 元。今年年初，中介又来找元元，又提出涨价，每月房租 1800 元，押金也要提高到 3 个月房租。元元有点急了，“哥儿们，我住了一年半都不到，你房租就涨了 30% 还多了，现在还要涨，每月 1800 块，再加上水电网费什么的，我每月光房子这项支出就占了工资的三分之一了，我还活不活了！”

面对元元的怒气，中介小伙子一副嬉皮笑脸的样子，“兄弟，你也不看看，现在房子多紧俏，有钱都租不到。你要是嫌贵，那你就搬走，这个房子，我们分分钟就租出去了。”

“搬走？可是你说的。”元元的火被勾起来，嗓门也提高了，“那预付的租金和押金怎么处理？都退给我吧。”

“是你要退租，是你违反合同，还想要押金？你可真会想美事儿。”中介小伙子一脸嫌弃，根本不在乎元元的话。

一脑门子怒气，元元真想跟这个中介吵一架，可是，看看自己单薄的身材，和对方一脸黑社会似的做派，还是作罢了。他忍气吞声地说：“那你等我考虑几天，再给你回话，如何？”

中介小伙子点点头，答应给元元 3 天时间考虑，如果不同意涨房租，就搬家，预付的房租可以退一部分，但是押金肯定不退，“这个没商量，这是行规。”中介临走时撂下这么一句话。

“押金到底是什么？能不能退啊？”元元以前从来没关注过这个问题，现在他揣着疑问来找老同学王律师咨询。

律师点评

租赁合同中常见“押金”的约定，由承租人支付给出租人，以担保自己按约定履行租赁合同。此时的押金带有担保的性质。

因此，若承租人违反租赁合同，提前解约，或者不付房租，或者有其他违约行为，那么，出租人是有权按照租赁合同的约定扣留押金的，同时还有权要求承租人继续履行合同，或赔偿损失。

本案中如果单纯看元元和中介最后一次沟通的情形，那么，元元是有提前解约的嫌疑的，中介公司要求扣留押金抵为其损失，也有道理。不过，中介公司并非没有错误，他们屡次擅自涨价，也是违约行为，元元可以此为抗辩，争取自己的权利。

但是，由于押金的法律概念比较模糊，并不能适用定金罚则，所以，对于支付押金的元元来说，最大的胜利就是中介退还押金。而让收取押金的中介公司双倍返还押金，则充满不确定性，很难实现。

律师建议

为了自己的合法权益，还是建议大家从正规中介公司处租赁房屋，最起码，这些公司的登记、备案和监管都是有据可查的，出了事，不会找不到人。虽然很麻烦，但是总比人房两空要好一些。

中介公司擅自涨房租也是违约行为，租客们对此要明确，在这个问题上，租客是占理的一方。

本案中，中介公司和元元的最后一次交涉，其实是中介公司提出变更合同价款，属于双方协商的范畴。如果元元不同意涨租金，也是双方就变更合同没有达成一致，并非元元违约。因为不同意涨租金，就要求元元搬家，是中介公司违约，且违反消费者权益保护的规定，所以在解决问题时，元元要理直气壮，要了解自己的权利，以便给对方以打击和制约。

法律知识点

押金虽然带有担保的性质，却并非《担保法》里规定的担保方式，其法律定义比较模糊，且其只存在于范围非常有限的一些合同类型中，比如，租赁合同、承包合同、酒店服务合同等。

虽然押金在这几类合同中，与《担保法》中的定金的性质及作用非常接近，但还是存在很多不同，很难适用定金罚则，原因在于：

押金虽然是一方支付给另外一方，作为履约的担保，但是，当支付押金的一方违约时，收取押金一方可以扣留押金，反之，支付押金一方却无权要求收取方双倍返还。尽管这样的约定完全合法，但是实践中都没有这样的做法。因此，押金带有单向性特征。

押金经常被用来弥补收取方因为支付方违约所负担的费用支出，比如，承租方提前解约，押金被用来弥补出租人房屋空置期的损失；或者，酒店客人毁损了酒店客房设施，押金首先会被用来弥补客房损失的费用，诸如此类。但是，定金的作用不是这些，它首先是合同义务履行的担保，不是损失费用的补偿金。

正因为押金和定金是不同的，所以在合同中同时约定押金和定金并非不可以。只有押金的约定，对于收取方比较有利，对支付方就比较被动，像元元这种情况，钱在中介公司手里，不管怎么理论，都处于劣势。

如果可以在合同中约定定金条款，或者将押金修改为定金，那么，当中介公司擅自涨价的时候就是违约，元元有权要求中介公司双倍返还定金，给自己多加了一份安全性，从而对冲提前解约带来的风险。押金虽然是行业惯例，但是了解法律规定后，完全可以进行修订。在现实租赁市场上，承租方处于弱势，很难在个案中使用这个方法，不过，我们可以呼吁有关部门制定统一规范的示范文本，在租赁管理规定中明确，给予承租方平等的权利。

七、租期没到，房子就被拆了，怎么办？

金总在某老商场的一层租赁了 5 间铺面房，开了一家主营川菜的餐厅。因为地处居民区，客流很大，菜品物美价廉，所以开业八年以来，生意兴隆，远近闻名。金总以此为总店，又在其他区开了两家店，但是都没有这家总店生意好。

去年，因为城市改造提升，所以这片居民区也要进行道路拓宽，老商场面临整体拆迁，金总的餐厅也就不能存在了。眼看着自己的心血要打水漂，金总心慌意乱，在拿到商场业主送过来的拆迁通知后，金总赶紧找出来原来的租赁合同，对应着拆迁通知，想知道自己能得到多少补偿，如何最大限度地减少损失。

可是，打开合同后，金总傻眼了，原来合同中对于拆迁补偿事宜只是简单一句话："如遇拆迁，按照国家规定执行。"金总看着合同发呆，"国家规定到底是什么啊？怎么当时没想到这些呢？"

为了保护自己的利益，不让多年打拼的成绩付诸东流，金总第二天就找到律师朋友，想仔细问问拆迁补偿的事情。听了律师的分析，金总心里有底了，他决定第二天就去找商场业主方，商量补偿的事情。而且，他还要到拆迁办公室去一趟，向拆迁人说清楚自己承租人的身份，以明确自己应当享有的合法权益。

律师点评

对于租期内遇到拆迁，如何补偿承租人的问题，《城市房屋拆迁管理条例》第二十七条有明确规定。因此，即便出租人和承租人之间没有合同约定，也可以依据这个管理条例来处理拆迁补偿事宜。

律师建议

金总餐厅的租赁合同还没到期，而且生意兴隆，一旦拆迁，损失是比较大的，因此，在刚刚拿到拆迁通知时，金总找到拆迁单位，说明情况，为自己争取权益，避免出租方（房东）和拆迁人单独签署协议，损害承租方的合法权益是非常必要的。

像金总这样的经营性房屋，即便租赁合同中对于拆迁补偿没有约定，也可以根据国家规定获得相应补偿。但是，具体如何补偿，补偿多少，还是要参照规定、合同，以及和拆迁人、出租方协商的情况才能确定。

法律知识点

根据《城市房屋拆迁管理条例》第十三条规定，拆迁租赁房屋的，拆迁人应当与被拆迁人、房屋承租人订立拆迁补偿安置协议。

根据《城市房屋拆迁管理条例》第二十七条规定，拆迁租赁房屋，被拆迁人与房屋承租人解除租赁关系的，或者被拆迁人对房屋承租人进行安置的，拆迁人对被拆迁人给予补偿。被拆迁房屋装修的补偿金额，由拆迁人和被拆迁人共同协商确定。协商不成的，可以通过委托评估确定。

也就是说，当出租人和承租人已经解除租赁合同，或者出租人已经给承租人补偿安置的情况下，拆迁单位就直接跟出租人签署拆迁补偿协议，直接给出租人补偿。

不论是拆迁单位、出租人和承租人三方签署协议，还是出租人和承租人协商补偿事宜，作为经营性用房的承租人，都可以针对房屋装饰补偿、停产停业补偿、设备搬迁费用、搬迁补助费、临时安置等损失或费用，提出要求，毕竟租赁合同尚未届满就遭遇拆迁停业，承租人的损失是切实存在的。只不过拆迁补偿是补偿性质，如果想借此赚钱，则是有违法律和拆迁补偿初衷的。

八、售房包租，并不像以为的那么好

孟阿姨年逾 60，丧偶多年，唯一的女儿远在美国定居。虽然女儿多次请她去美国安享晚年，但是，因为孟阿姨跟洋女婿根本无法沟通，而美国毕竟是异乡，没有在国内的生活舒服自在，所以，她拒绝了女儿的提议。为了让自己的晚年生活更有保障，孟阿姨开始关注买房养老，“房子是不动产，看得见，摸得着，就算卖不出去，留着出租，也可以啊，每月赚点零花钱，挺好！”孟阿姨早已经将这样的投资理论记得滚瓜烂熟了。

因为孟阿姨在北京已经没有购房资格了，所以她两年前在秦皇岛购买了一套公寓，当时签约的时候，售楼处的销售员告诉孟阿姨这个项目是“售后包租”的，即孟阿姨如果不能一次性付款，可以选择分期付款（18 个月内付清），但是不能贷款。待孟阿姨款项付清后，开发商负责帮孟阿姨把房子出租，不管是否出租成功，开发商每年都按照房屋全款的 8% 向孟阿姨支付租金，包租期限为 5 年。在此期间内，孟阿姨不能将房屋出售，5 年届满后，孟阿姨可以将房屋出售，但是要优先卖给开发商。

由于签约时，房子已经基本建成，而秦皇岛又是一个旅游城市，所以，当售楼处的销售员反复强调这里每年的游客很多，酒店和度假村根本不够用，像这样的公寓非常好出租的时候，孟阿姨被说服了，“就当把这笔钱理财了，每年 8% 的回报，到期还能让开发商回购，本金也不损失。”算清楚了这笔账，孟阿姨果断地签署了购房合同，并且仅仅用了半年就把全款都交了，“因为房屋出租的时间是从付清全款开始计算的，早付清，早出租啊。”孟阿姨觉得自己想得特别明白。

刚开始的两年，开发商按时将房屋的租金汇到孟阿姨的账户上，虽然有时是分期支付的，但是，总数还是对的，并没有影响孟阿姨的预判。从今年年初开始，孟阿姨就听一起买房的伙伴们说，开发商出现了资金问题，承诺的租金不能支付了。将信将疑之间，孟阿姨应收的租金果然没有准时到账，经过多次催促，开发商只支付了很小一部分，然后就再无消息了。

买房的业主们成立了维权小组，跟着他们去秦皇岛讨说法之后，孟阿姨心里更没底了，因为除了开发商办公的售楼处还在之外，所有的工作人员都换了。新接手的人都是一问三不知的模样，维权小组无功而返。眼看着自己几十年的积蓄就要化为乌有，孟阿姨心如刀割，赶紧找到女儿推荐的律师，想问问清楚，对于目前的状况，还有没有什么补救的办法。

律师点评

《商品房销售管理办法》中明确禁止此类“售房包租”做法，但是这样的项目还是经常出现在房地产销售不太好的二、三、四线城市，以高额回报来吸引购房人购买。

如果孟阿姨购买的项目是正规开发的商品房项目，那么即便“售房包租”的做法违反法律规定，但是，双方买卖房屋的合同还是真实有效的，孟阿姨维护自身权益，要求主张买房人的利益还是可以的，只不过这些权益不能完全按照合同来处理，“售房包租”的约定是违法的，没有法律效力，不会受到保护。

律师建议

业主组建的维权小组如果是想让开发商全面履行合同，按时支付租金，那么大概率是不会成功的，也不会得到法律的支持，因为他们的合同本身就存在法律瑕疵，其违法部分的内容无效。

如果孟阿姨他们以《房屋买卖合同》为依据，只要求获得房屋，而不再期望所谓投资收益，那么，他们才能处于较为有利的地位，因为他们购买房屋的这部分内容是合法有效的，开发商必须兑现。确定这样的维权和沟通的原则后，孟阿姨他们才有希望维护权利，减少损失。

法律知识点

《商品房销售管理办法》中规定，房地产开发企业不得采取售后包租或者变相售后包租的方式销售未竣工商品房。

开发商不允许购房人申请贷款，通常都因为项目自身存在问题，无法通过银行的按揭贷款审查，比如，土地手续有缺陷、规划超标、自有资金不足等。因此，开发商只能寄希望于尽快从购房人那里回笼资金，完成项目建设。

采取“售房包租”的形式，一方面可以吸引购房人，让项目热销或快销。另一方面，也是用购房人的钱来进行建设，减轻自己的资金压力，空手套白狼，转嫁了本应由开发商承担的商业风险。一旦项目出现问题，开发商跑路没有一点犹豫，因为钱不是他的，扔下不心疼。更何况，还有一些无良的人，从一开始就想着卷包跑路呢。

“售房包租”的形式不仅违反房屋销售管理方面的规定，也违反金融监管方面的规定。如果是正规的银行贷款，那么资金要放在银行指定账户，使用也是有严格监管的。如果资金不是银行贷款，而是购房人支付给开发商，那么，这笔钱就无人监管其如何使用。即便是开发商将钱没有被用于项目建设，而是转投股票或基金，也没人知道，购房人面临的风险很大。每年8%的资金回报已经很高了，如果开发商不进行高风险的投资，是很难实现这么高的回报率的。高回报意味着高风险，高风险投资行为的失败，殃及购房人。

对于孟阿姨他们来说，现在要是坚持按合同办事，主张资金回报，是胜算很小的，也不会受到法律保护。开发商明显遇到资金问题，无法按照合同支付高回报。如果想减少损失，孟阿姨他们还是需要回归购房初衷，主张对于房屋的权利，让开发商交出房屋的管理权，自行处理，不受限制。毕竟房子还在，就算每年没有8%的回报率，但是，其使用价值还在，自住或短期出租也是可行的。

第三篇　房产继承和析产

一、风流父亲留下糊涂账：房子和古董该怎么分？

二、委托他人卖父亲的房子，没有想象的那么简单

三、独生子女继承父母房产，关键问题一定要知道

四、百年四合院遇拆迁，谁能得到补偿？

五、从未谋面的美国姑妈拿走了四合院的一半产权

六、儿子去世，婆婆和儿媳如何分遗产？

七、老人留下遗嘱由保姆继承房产，最后却事与愿违

八、爷爷奶奶要把房子赠与孙子，应该提前得到子女的同意吗？

九、爷爷去世几十年，房屋继承一团乱麻

十、奶奶去世后留下的老公房，到底谁有权住？

十一、再婚父亲的遗产，谁来继承？

十二、再婚夫妻一方去世后，遗产怎么分？

十三、抛夫弃子20年的女人，有权继承亡夫的遗产吗？

一、风流父亲留下糊涂账：房子和古董该怎么分？

我国著名民主人士林老先生的孙子，小林先生，向法院提起诉讼，要求和继母分割父亲留下的巨额遗产，包括一套四合院和大量珍贵的古玩字画等。至于为什么会出现对簿公堂的情况，还需要从小林先生的那位命运坎坷、风流倜傥的父亲——大林先生说起。

大林先生是林老先生的幼子，因为他的大哥英年早逝，所以，林老先生临终时，就将自己多年的收藏和房产留给了大林先生。而从小在书香门第环境中长大的大林先生，多愁善感，温和多情。小林先生是父亲的第一任妻子生的，到父亲去世的时候，已经有了 3 段婚姻，每一任妻子都为他生下了儿女，小林先生一共有 3 个同父异母的兄弟姐妹。

大林先生已经于 3 年前去世，享年 88 岁。他的现任妻子，张女士，至今仍然住在父亲留下的房子里。最近，张女士未经小林先生的同意，将大林先生的一部分古玩字画交给拍卖行，准备拍卖。小林先生向继母张女士提出异议，因为他觉得这些古玩字画都是爷爷留给父亲的，是林家的东西。虽然这个第二任继母已经和父亲共同生活了 20 多年，但是，她终究是外人，怎么可以随意处分林家的祖传财产呢。不过，张女士和她的亲生女儿却都说，小林先生早已经成人自立了，跟张女士之间没有抚养关系，无权对这些财产说三道四。小林先生实在搞不清楚这里面的法律关系，无奈之下，只好求助律师。

律师点评

这是一个法律和亲情混杂的问题，即便我们能够从法律层面将问题解释清楚，但是，从亲情角度看，也许会有遗憾或无奈。其问题的关键在于，老父亲明知自己子女多，还不是一个妈生的，而没有趁自己还在的时候处理好，现在这种局面，让自己的遗孀和孩子们都很难相处。

小林先生要弄清楚房子和古玩怎么继承和处理，需要搞清楚以下几个方面的问题：

确认这个房子是否是老父亲和继母婚后取得的。根据小林先生的介绍，房子是父亲从祖父那里继承的。继承手续办理完毕，房产登记的时候，大林先生已经和继母结婚了。因此，这套房产应该视为大林先生和继母的共同财产。

父亲和继母之间就房产拥有的份额是否有特殊约定，如果没有，那么通常就认为父亲和继母各自拥有房产的50%。小林先生说，父亲和继母之间没有关于房产份额的约定。

父亲生前是否立有遗嘱。如果没有立遗嘱，就按照法定继承方式，由法定继承人来继承了。如果父亲有遗嘱，就按照遗嘱来执行。

在没有遗嘱的情况下，那些古玩字画的继承方式跟房子的道理是一样的。除非小林先生能证明这些古玩字画的取得早于父亲和继母的结婚时间，如果是这样，那么这些财产的确和继母没关系。就像小林先生说的，是林家人的财产。但是，他的同父异母的兄弟姐妹也都姓林，也和他一样都是法定继承人。

律师建议

在法律层面上，小林先生首先要做的就是确认父亲是否留有遗嘱，以及他和继母之间是否有关于财产分割的约定。

小林先生寻访家中老人和其他兄弟姐妹，了解父亲取得房产和其他财产的时间也是非常重要的。这些关键时间点对于权利的确认具有重要作用。

在亲情层面上，即便是小林先生和继母没有感情，但是，她毕竟是父亲的未亡人，在财产分割方面给予适当考虑，保持她的晚年生活不至于太过窘迫，双方之间不要因为遗产分配而闹得有失体面，也是对父亲的纪念和安慰。

法律知识点

《继承法》第十条规定：遗产按照下列顺序继承：

第一顺序：配偶、子女、父母。

第二顺序：兄弟姐妹、祖父母、外祖父母。

继承开始后，由第一顺序继承人继承，第二顺序继承人不继承。没有第一顺序继承人继承的，由第二顺序继承人继承。

从上述规定可见，同一顺序的继承人之间是不分先后的，经常有人误解“配偶、子女和父母”的表述是有先后顺序的，其实不然。在没有特殊约定的情况下，这三类人员是平均分配死者的遗产的。

《继承法》第三条规定：遗产是公民死亡时遗留的个人合法

财产，包括：

（一）公民的收入；

（二）公民的房屋、储蓄和生活用品；

（三）公民的林木、牲畜和家禽；

（四）公民的文物、图书资料；

（五）法律允许公民所有的生产资料；

（六）公民的著作权、专利权中的财产权利；

（七）公民的其他合法财产。

由此可见，死者去世时，其个人名下的合法财产都是其遗产。因此，辨别清楚死者生前的个人合法财产也是厘清继承纠纷的一个关键。比如，公房承租人去世，其房屋承租权就不是其遗产，不能由其继承人继承。现实中，很多人为了争夺公房承租权而大吵大闹，实在是很荒诞的，无法得到法律支持。

如果大林先生的遗产情况和继承人情况也明确了，那么，可以确定以下的事实。

有关房子问题：既然小林先生说，房子是父亲和继母结婚后取得的，那么，该房屋就是父亲和继母的夫妻共同财产。在没有财产份额特殊约定的情况下，大林先生和继母各自持有 50% 房屋产权，大林先生名下的 50% 房产是其遗产，由其继承人继承。

如果父亲生前没有订立遗嘱，那么，继承人就按照法定继承顺序来继承父亲拥有的 50% 房产，即遗产，继承人都包括谁，咱们前面已经讲过了，配偶、子女和父母都是第一顺序继承人，有权均分。

继母张女士、小林先生和三个弟弟妹妹，均是第一顺序继承人（大林先生的父母早已经去世，和继承没关系了），大家按照等额原则继承大林先生拥有的50%房屋产权份额，即一共五个人平均分配这个50%，每个人占10%。由此，继母拥有的份额变成了60%，小林先生和其他哥哥姐姐各自占10%。

针对除房产之外的其他财产，也按照上面的原则来判断。只不过，据小林先生介绍，其中有些东西是大林先生和现任妻子结婚前获得的，那么，这些财产就属于大林先生的婚前财产，继母张女士对此没有份额。只要小林先生能够提供证据加以证明，就可以。

虽然大林先生的其他财产是其个人婚前财产，但是，当他去世时，这些财产也成了遗产，他的配偶、子女和父母均有权继承。因此，在继承遗产这个过程中，继母有权参与。

本案还有另外一个问题需要澄清，就是小林先生和继母的关系。

因为大林先生和继母结婚时，小林先生已经长大成人，基本没有在家中和继母共同生活过，所以，我们可以认定小林先生和继母之间没有形成抚养教育关系，不是拟制的父母子女关系。在继母百年之后，小林先生不能作为继承人，继承继母名下的房产和其他财产份额。

除了继母亲生的女儿之外，小林先生和其他的同父异母的弟弟妹妹的确几乎没有和继母一起生活过，所以，小林先生和其他几个弟弟妹妹都只能继承父亲留下的财产份额。

综上，继母张女士虽然有权作为继承人参与大林先生房产和古玩字画等遗产的继承，但是，她无权在没有对大林先生遗留下来的房产和古玩字画等财产进行分割的情况下，就擅自处理，这样做，侵害了小林先生和其他几个子女的财产权。

上述内容均为法律分析，但是，本案却还是绕不过一个“情”字。因为提到财产分割，就绕不开房子的话题。如果真的要分割房产，就意味着古稀之年的继母可能不得不离开居住多年的房子，除非她能够将相当于房屋市价10%的款项补偿给非亲生的那几个子女。现在房子那么贵，动辄数百万、上千万元，几个孩子的份额累计达到房屋价格的30%，谁能拿得出来那么多钱呢？即便是继母把全部古玩字画都拿出来拍卖，也不轻松。

因此，在处理法律问题的同时，还要兼顾亲情和道义，如果小林先生和几个弟弟妹妹能够深明大义，不让自己父亲的遗孀为难，他们可以通过协商，先不要分割房产，让继母张女士能够在老房子里面寿终正寝，然后再进行分割，也算尽了一份孝心，让大林先生安息！

二、委托他人卖父亲的房子，没有想象的那么简单

朱小民是房产中介公司的一名小职员，每天负责带着客户看房、谈合同、跑手续，生意好的时候，连中午饭都顾不上吃。可是，若赶上房地产调控，连早饭钱都没有了。虽然辛苦，但是，朱小民还是挺高兴，毕竟能生活在北京了，手里也有了几万元的积蓄。

某一天，他负责的片区的一位老顾客找到他，说有事商量。这位顾客手里有好几套房子都是通过朱小民出租的，最近在办理移民手续。他找朱小民是因为他想把其中一套房子卖掉，支付移民所需的费用。这是一个大买卖啊，朱小民心中暗喜，“通常这种急着移民离开的客户，都对价格不较劲，好商量，这样就增加了成交的概率，佣金就容易到手了。”朱小民打着自己的如意算盘。

可是，等到他拿到客户提供的资料，听完情况介绍之后，朱小民发现这单生意并不像他想象的那么简单，其中有很多环节需要注意，否则，就会有无尽的麻烦。客户的房子的情况是这样的：

第一，这个房子在客户父亲的名下，虽然他的父母都已经去世了，但是，房子的产权一直都没变更，至今是他父亲的名字。

第二，客户还有一个妹妹，远在海外，并不关心父母房产的事情，但是，也从来没有表示过不要这些财产。

第三，这套即将出售的房子目前正在出租，租户也是朱小民介绍的。现在离租约到期还有一年多，是否要提前告诉租户房屋出售的事情，朱小民和客户的意见不一致。客户不想告诉租户，想等到房屋卖出了，再告诉租户，让其搬家走人。

第四，客户父母虽已经去世，但是，一直没有销户口，现在房子上还挂着客户一家和父母的户口呢。

面对这些信息和资料，朱小民头有点大，更何况，客户还急着出国，想给朱小民一份《授权委托书》，全权委托他代办卖房的手续。可是，朱小民却不敢接这件事，“里面的问题太多，不是简单把房子卖掉就可以了，手续如果不完整，给买家造成损失，那么后续的麻烦事，将很难处理。”

律师点评

朱小民的思虑是对的，本案中房产出售的事情，不仅涉及房屋买卖，还涉及房产继承和析产，这些手续均不是委托一个代理人就能够完成的。

另外，目前房屋出租的状态也对出售有影响，法律规定中赋予承租人“优先购买权”，如有违反，可能导致买卖合同的无效，或者引发租户的赔偿损失的主张，这一点是很多人忽视的。

律师建议

如果要顺利又合法合规地完成本次交易，就必须从房屋产权的源头开始梳理，将其中涉及的每一个权利人的权益都考虑到，并处理到位，然后才能放心地卖掉房子。

朱小民的代理权来自他的客户，而客户要是想让朱小民帮助他顺利完成卖房事宜，就必须自己拥有对房屋的权利。这个权利来自他对房屋的继承和析产过程，并且要取得他妹妹的同意，才能有权委托朱小民。这里面的手续环环相扣，需要履行法律手续，并缴纳相关税费，预计完成时间在半年到一年左右。之后，才能委托朱小民卖房。

法律知识点

因为房子是客户父亲的名字，而当时父母健在，所以，这套房子是他父母的夫妻共同财产。父母各占 50% 产权。

而客户的母亲先于父亲去世，母亲名下房产的继承，其实从那个时候已经发生了。即当时他母亲的父母，配偶（他父亲）和客户及其妹妹都有继承权，有权继承他母亲所占的 50% 产权。如果这个时候，他母亲的父母已经去世，那么事情还好办一些。这 50% 产权只在客户兄妹和他父亲之间分配。如果他母亲的父母还健在，那么，这 50% 产权中还要有他们的份额。

然后，客户父亲去世的时候，也要按照这样的方法确定谁有权继承。然后，即便是他父母的父母都已经去世，客户兄妹两个人可以继承全部房产，那么，由于房屋产权人是客户的父亲，所以在未办理房产继承手续时，朱小民不能接受客户的委托，帮他卖房。更何况，房产还有客户妹妹的一份，客户一个人也无权委托。

为了让客户能够有权委托朱小民卖房，他们兄妹两个必须要做的事情是，办理房屋继承手续，妹妹明确表示放弃继承，将房屋产权转移到客户名下，或者，办理房屋继承手续之后，兄妹两个人共同委托朱小民代办出售事宜。

《合同法》第二百三十条规定，出租人出卖租赁房屋的，应当在出卖之前的合理期限内通知承租人，承租人享有以同等条件优先购买的权利。

根据这一条的规定，客户在出售房屋前，务必要通知租户的，租户享有在同等条件下优先购买的权利。如果出租方违反了此项规定，可能会导致签署的房屋买卖合同无效，或引发损失赔偿纠纷。

对于买方来说，所购房屋上面是否挂有户口，也是需要引起重视的问题。客户的父母均去世，但是却没销户。客户兄妹的户口也在这个房子上面，那么，为避免日后的纠纷，客户应当尽快办理父母的户口注销，如果想委托他人办理，则必须在《授权委托书》里面写清楚，并将所涉及的文件交给受托人，比如，《死亡证明》、身份证、户口本等。不过，为了稳妥起见，一般不建议将此类事宜委托中介公司来代办。

不过，房屋上面没有空挂的户口，也是促成交易达成的一个有利因素。

综上，虽然客户想尽快简单办理房屋手续，但是，法律的规定却容不得半点马虎。即便是像朱小民这样的有经验的中介职员，也不能逾越法律，在房产出售过程中，涉及的继承和产权转移等问题，必须一一解决好，才能保证房屋买卖合同的顺利签署和履行。最后，大家都能得偿所愿，皆大欢喜。

三、独生子女继承父母房产，关键问题一定要知道

苏昊是家中的独生子，但是，自小却随着奶奶长大。因为母亲早逝，父亲独自在外打工，常年不在家，所以，苏昊和奶奶相依为命。

今年春天，父亲因病去世，留下了县城里的两套房子和一些存款。苏昊也在县城工作，就想着把奶奶接到身边，安度晚年。父亲留下的房子和存款对于他来说，已经是非常丰厚的遗产了，足够他免除后顾之忧，安心工作和生活。

可是，在苏昊刚刚把奶奶安顿在县城的房子之后，他的二叔（父亲的弟弟）和他的小姨（母亲的妹妹）就找上门来，说父亲留下的房子和存款不能都由他继承，他们两个人也有份。面对多年未见面的两位长辈，苏昊不仅悲从中来，而且一头雾水，“为什么在生活最困难的时候，看不到你们？现在分财产了，你们倒都出现了？你们有什么权利要我父亲的财产，你们凭什么？”苏昊大声质问。

二叔和小姨不慌不忙，他们说，按照法律规定他们对这些财产有继承权，虽然多年未联系，但是，他们的法律权利还在，不能剥夺。而且，二叔还表示，只要继承了遗产，他也愿意和苏昊一起照顾奶奶，尽到赡养义务。

苏昊觉得房子和存款都是父亲多年打工积攒下来的财产，他是父亲的独生子，理应继承全部，这里面根本就没有二叔和小姨什么事。因此，他和奶奶商量之后，决定坚决不跟二叔和小姨谈判，他们爱怎么办就怎么办，奉陪到底。

不过，当苏昊坐在律师面前咨询的时候，他的心里还是有些忐忑，不知道此事的结局将会是什么样，自己是否稳操胜券。

律师点评

对于苏昊来说，父亲留下的房产和存款是一笔巨款，特别是现在房价畸高的情形下。况且，我们目前尚未开征遗产税，因此，子女继承父母遗产的成本是非常低的。孩子通过继承父母遗产，而可以少奋斗若干年，何乐而不为呢?

独生子女虽然是父母唯一的孩子，但是，其继承父母房产的手续和程序也必须符合法律的要求，不能简化或省略，否则，一旦出现问题，所牵扯的各方都会有麻烦。

独生子女继承父母遗产的时候，应该关注：继承开始的时间、遗产的范围和是否有其他继承人等几个关键问题。另外，《继承法》里面一些规定不仅体现家庭成员之间的关照，而且还兼顾我国传统的文化习惯，扶助老幼，追求公平。因此，我们在讨论遗产继承的时候，不能仅仅停留在当下，还要看到过去和未来。

律师建议

苏昊的二叔和小姨要作为继承人参与继承，那么，他们必须明确自己是谁的继承人。明确了继承人身份，他们才能参与相关的继承。

继承人继承的是被继承人的遗产，因此，明确被继承人是谁之后，就要确定哪些财产是他的遗产。

被继承人名下的财产是其遗产，可以由继承人继承。而这些财产取得的时间和死亡时间存在关联，确定好这些时间点，就明确了被继承人的个人财产都包括什么。

法律知识点

所谓继承，必须是父母已经过世，这个时候才发生继承。为什么特别强调这个时间点呢？因为父母去世的时候，其财产才成为遗产，此时子女继承遗产才没有遗产税。否则，就是财产赠与，适用和继承法完全不同的法律规定。

《继承法》第十条规定，第一顺序的继承人，是死者的配偶、子女和父母。对于独生子女来说，他们和自己的祖辈、在世的父或母一方都是房产的继承人，如果没有遗嘱，他们的继承份额是均等的。

比如，苏昊家，因为奶奶还在世，所以父亲遗产的继承人并非只有他一个人，奶奶和他一样，也是继承人。

《继承法》第十条还规定，第二顺位的继承人是被继承人的兄弟姐妹、祖父母和外祖父母。但是，只要有第一顺位的继承人在世，第二顺位的继承人就无权继承。

这个问题特别重要，是因为父母双亲去世的时间常常不是一个时间点，对于夫妻共有的房产来说，只要一方去世，那么，房产 50% 的份额就是遗产了，继承就已经开始了。此时，如果一方没有第一顺位继承人了，且没有遗嘱，那么，第二顺序继承人就享有继承权了，大家认为不公平的兄弟姐妹继承遗产的情况，就可能出现。

不管各方继承人是否办理继承手续，法律上的继承就开始了，该是谁的份额，就是谁的份额。比较常见的情况是：假设，父亲去世了，那么，他所占的50%份额就是遗产，由他的父母、子女和配偶继承。如果他的父母先于他去世，那么，这个50%份额就在他的配偶和子女之间分配，因为是独生子女，所以，配偶和子女各占50%的50%，最后的比例是，配偶75%，独生子女25%。

也有情况比较复杂的案例，比如，父亲去世的时候，爷爷奶奶还健在，那么，这50%产权中还要有他们的份额。即父亲的父母、配偶和子女都有权继承。作为独生子女，只能分得50%份额中的四分之一，也就是全部产权的12.5%。

而当爷爷奶奶去世的时候，他们名下各自的12.5%，就是他们的遗产，他们的父母、子女和配偶又有权继承了。这个时候，爷爷奶奶的子女，也就是父亲的兄弟姐妹就都加入进来了，事情就变得很复杂。如果大家心态平和，通情达理，积极配合办理相关手续，倒是问题不大。最怕有些人心怀鬼胎，总想多吃多占，那么，对于独生子女来说，父亲的房产继承就将是一个曲折的过程。

具体到苏昊的案子，我们来分析一下二叔和小姨是否有权和他分享遗产：

如果父亲留下的房产和存款是苏昊母亲去世后得到的，那么，这就仅仅是父亲个人财产，和他母亲没关系。因为父亲去世时，母亲已经不在了，所以，这些财产就只能由父亲的子女和父母继承，即苏昊和奶奶，他们两个人都有继承权。二叔和小姨都没有权利继承。

如果有证据证明，房产和存款是母亲去世前就取得了(不过，这种概率很低，因为母亲去世早，当时父亲还没有去打工，不可能有这么多财产)，那么，在没有特殊约定的情况下，这些财产就是苏昊父母的夫妻共同财产，各占一半。母亲去世时，她名下的财产就是遗产，由其配偶、子女和父母来继承，于是，苏昊和父亲都可以继承一部分，此时，如果母亲的父母，即苏昊的外公外婆还健在，那么他们两人也是有权继承的。

当苏昊父亲去世时，也许外公外婆也不在了，那么他们名下的财产就成了他们的遗产，由其子女继承，而小姨就是继承人。此时，小姨要求和苏昊一起继承，并分割遗产是有法律依据的。当然，如果外公外婆在母亲之前就去世了，就不存在这个问题了，小姨也无权参与继承了。

继承法出于对赡养老人和扶助幼小的考虑，使得在被继承人先于其父母去世的情况下，要保留份额给需要赡养的老人。此时，如果独生子女想获得父亲留下的房产，必须要跟他的叔叔、姑姑进行协商，如果他们放弃继承权，那么，独生子女是可以获得全部的产权的。如果他们不放弃，坚持自己的权利，那么，独生子女也没办法。毕竟法律就是这样规定的，谁也不能强迫他人放弃权利。

四、百年四合院遇拆迁，谁能得到补偿？

坐在律师面前的翁先生是北京某高校的老师，他五十开外，清瘦而斯文，一看就是受过良好教育的读书人。他面带倦容，却还是语气平缓地向律师介绍了有关他家百年四合院老宅经历的故事：

北京的前门大街，曾经是几十年前著名的商业街，商贾云集，店铺林立。翁先生家的四合院，就坐落在前门大街东侧、纵横交错的胡同中。因为胡同较长，院子位于胡同靠里的位置，所以前门大街改造时，没有影响到这里，得以保留了百年前的模样。翁先生年逾八旬的老父亲(简称翁父）自从出生就住在这里，房子虽然破败了，但是对于老人来说，这里就是家，看着满院子的茉莉花、葡萄架和石榴树，翁父心满意足，怡然自得。

院子是翁先生的祖父购买的，当时还是民国时期。可是，祖父英年早逝，祖母带着两个女儿和翁父（他是祖母唯一的儿子，当时还很小）一起艰难度日。后来，中华人民共和国成立，1950年的时候，人民政府核发房产证，祖母做主将院子的产权人写成祖母自己和翁父的名字。当时，翁先生的两个姑姑，也就是翁父的两个姐姐均已出嫁，她们很少再回到这里，对于院子的归属并未提出异议。“文革”结束后，翁家落实政策，院子被发还给翁父，由翁父一家带着祖母一起在此居住。1980 年办理房产证时，产权人变更为翁父一个人的名字，两个姑姑也没有意见，她们获得了落实政策时政府赔偿的 2000 元现金。1992 年，祖母去世。翁父和老伴一直在这个院子里居住至今。

翁父 80 大寿的时候，大姑妈的长子，也就是翁先生的大表哥来四合院给翁父拜寿。临走时，大表哥跟翁先生悄悄地说："听说这片地区要拆迁改造，户口已经冻结了。我妈妈想知道这个院子的产权她占多少？她已经 90 多岁了，想趁着有生之年，把院子的产权分割一下，这样拆迁时，大家都能分点钱。"翁先生听完大表哥的话，心里不安起来，因为他一直以为院子就是自己父亲的财产，和两个姑姑没关系。没想到，过了几天，二姑妈的女儿也打来电话，表达了和大表哥相同的想法。最后，二姑妈的女儿还补充了一句："我咨询过律师，这种家庭中间的财产的分割问题，没有法律时效的，随时都可以提出来，法律都保护。"

翁先生无法淡定了，他发现自己的理解怎么和表哥表姐他们不一样啊。他想，即便是没有拆迁这回事，也应该把院子的产权弄清楚，否则，等老人们都走了，这件事牵扯的人会更多，就更难处理了。

律师点评

首先，四合院的产权人最早是翁先生的祖父，祖父去世后，院子就发生了继承。但是，当时还在民国时期，因此，应该按照当时的继承法来办理。然而，民国的继承法是如何规定的，我们不得而知，并且对我们来说也没有意义了。

其次，1950 年，当时的北京市人民政府颁发房产证的时候，确认祖母和翁父是产权人，而与院子相关的所有人均无异议。因此，我们可以认定四合院的产权人在1950年之后，应当为祖母和翁父。

再次，1980年，重新办理房产证的时候，院子的产权人变更为翁父一个人的名字，祖母放弃了自己的份额，这应当被视为祖母对翁父的赠与。这是祖母的权利，可以自由行使，他人无权干涉。因此，翁父就是这所院子的产权人了。当然，因为此时翁父和翁母已经结婚，所以这所院子应当是翁先生父母的夫妻共同财产，虽然产权证上只有翁父一个人的名字。

最后，当1992年祖母去世的时候，因为院子的产权人早已经是翁父一人所有了，所以祖母的离世不影响院子的产权归属，不产生继承问题。

律师建议

此类老房子通常位置优越，但是，继承人却也人数较多，构成复杂，表亲、叔伯、七大姑八大姨的一堆亲戚。虽然都有血缘关系，但是很多时候常年不联系，和陌生人也没什么区别。因此，作为法律人，还是建议尽早进行房产的继承析产，或者趁着有威望的长辈老人还在世，将房产分割的事情说清楚，以免日后出现纷争，一地鸡毛。

法律知识点

继承开始的时间是自被继承人去世时，而对于继承析产案件来说，适用法律上规定的最长诉讼时效，即自继承开始时20年之内。继承人之间都可以提出这方面的请求，且不丧失胜诉权。

这主要是因为我国特殊的传统和国情导致的，在尚有老人在世时，继承人就开始继承析产，和分家没区别，会让老人很难过，而且我们的传统文化中，也有着老人在，家还在的说法，不允许分家。基于法律权利和传统文化的双重考量，此类继承析产的争议允许适用最长二十年的时效规定。

而在继承财产过程中，如遇自身权利受到侵害的情况，比如，上面这个案例中，如果两个姑姑认为祖母将房产的产权落在翁父名下，是不公平的，那么，她们的诉求就不再是继承析产，而是继承权受到侵害的侵权纠纷了，按照目前法律规定，适用三年的诉讼时效，否则就丧失胜诉权。

法律上有一个原则，“不保护权利的沉睡者”，即敦促权利者积极主张自己的权利，在合理期限内行使权利，以避免法律关系长期处于不稳定状态。而诉讼时效的规定就体现了这个原则。如果自己的权利都怠于主张，超过了一定的时效，那么，即便提出主张，也无法获得法律保护，也就是丧失胜诉权。这并不代表权利者的权利就彻底灭失了，只意味着通过法律途径获得保护的途径走不通了，能做的就是和对方协商。

基于以上分析，翁先生的两个姑姑在1950年的时候均是年满18岁的成年人了，她们未对自己母亲将院子的产权落在母亲和弟弟的名下表示异议，且超过20年，则法律可以认定她们同意自己父亲去世后，院子的产权分配的安排。1980年的时候，祖母放弃自己的产权份额，赠与给翁父，是对于院子产权的再一次分配。那个时候，两个姑姑也没有不同意见，并且她们接受了2000元的现金补偿。可见，她们对于祖母的房屋产权分配是同意的。至今已经过去了30多年，早已经超过了最长20年的诉讼时效。现在，姑姑再提出分割院子产权，则不会受到法律保护了。因此，四合院的产权人就是翁父（当然，还有翁母）。

翁先生听了律师的讲解，心里的一块石头落了地。他决定不和父亲提这件事，让耄耋之年的父母踏踏实实地住着他们的祖居。其实他真心希望不要有什么拆迁，如果能够继续保留这所院子，他打算自己退休后，也能够住在这里，过着天棚、鱼缸、石榴树的老北京的传统生活。

五、从未谋面的美国姑妈拿走了四合院的一半产权

张先生是美籍华裔电脑工程师，他出生在台湾，长在美国，中文只会说，不会写，最近却因为房产继承的问题频频联系在北京的律师朋友，咨询有关法律规定。经过几次沟通，律师终于搞清楚张先生的房产情况了，而张先生也终于明白了要想彻底解决这件事，他需要的手续和过程着实太复杂，不是他跑一趟北京就能一次性解决的，他必须做好打“持久战”的思想准备。

弄清楚房子的事情，要从 1948 年讲起：张先生的外公曾经在 20 世纪 20 年代，在北京西城的西单附近购买了一座四合院，他的一双儿女均出生在这里。女儿就是张先生的母亲，姚淑芬，婚后改名为张姚淑芬。外公的儿子就是张先生的舅舅，姚则仁。1948 年底，张先生的母亲跟随在军中服役的丈夫，也就是张先生的父亲，离开北京，前往台湾。当时，张先生还没有出生。20 世纪 60 年代，父母带着他和三个姐姐从台湾移民到美国。在中美关系正常化之前，他们全家和在北京的外公和舅舅一家断绝音讯多年，张先生的母亲和父亲经常眼望大陆长吁短叹。

1976 年，张先生的母亲曾经取道香港，回到北京，看望自己的父亲和弟弟一家。可是，此时，她才知道，自己的父亲和母亲“文革”之前就已经去世，弟弟离异，弟弟唯一的儿子，姚振

东，当时还在农村插队，无缘相见。不过，这次见面之后，张先生的母亲和舅舅就有了书信往来，也算聊解相思之苦。

最近，张先生听说国内房地产价格飙涨，拆迁补偿给的钱很多。而自己的母亲又已经94岁高龄。于是，他想跟表弟（因为舅舅已经去世多年，现在院子由表弟居住）联系，将四合院的产权分割清楚，然后再从母亲那里继承房产。这样如果以后遇到拆迁，他也能获得补偿。用他的话说就是："拆迁补偿的钱，差不多够我养老了。我有三个孩子，如果有这笔钱进账，我会轻松很多。"

可是，表弟的儿子小姚却不同意，他的理由是"爷爷病重的时候，他们连个电话都没有。现在来跟我们分祖产，不可能！我不同意！"

至于张先生的表弟，姚振东，倒是很平静，不过，他的话里面也是软中带硬，他说："咱们按照法律规定办。我不想占人家便宜，但是，别人也休想占我的便宜。"

姚振东和小姚的话都有道理，而且这套房产历经几十年世事变幻，牵扯国内外四代人，必须仔细梳理其中的各种关系，才能完成张先生的继承事宜。

律师点评

首先，需要确定房产的产权人是谁。张先生的外公是四合院的产权人，这个是有房契、地契证明的。1949年之后，重新核发的房产证上也显示外公是产权人。

其次，外公去世后，没有留下遗嘱，房产的法定继承就从外公去世时开始。而外公的法定继承人就包括他的一双儿女，即张先生的母亲和舅舅，姚则仁（姚振东的父亲）。

因为这件事只涉及继承外公的房产问题，所以小姚提出来的自己的爷爷，也就是张先生的舅舅病重时未获他们问候，不构成不能继承外公财产的理由，所以，张先生的母亲的继承权不受影响，有权继承该房产，和姚振东共同享有产权。

律师建议

明确继承份额后，两个继承人，张先生的母亲和姚振东分享院子的所有权，各自持有一份《不动产权证书》。

张先生的母亲当前一个人住在洛杉矶的养老院里，身后都不能葬回故乡。即便是她持有这份产权，其实也无法真正享受到，无法居住。

虽然大家都说房子值钱，可是，地处市中心保护区的老房子，不太可能拆迁。那么，这套房产无法变现，也就无法实际分割。张先生的母亲既无法居住，也无法拿到分割后的现金补偿，那么，对于她来说，这套房产可算是鸡肋。

法律知识点

根据《继承法》的规定，外公外婆先后去世之后，房产的继承人就只有他们的儿女了，张姚淑芬和姚则仁，两个人各占一半产权。而姚则仁去世后，他唯一的儿子，姚振东就成了法定继承人，有权继承院子的一半。而他的姑姑，张姚淑芬仍在世，仍然有权拥有另外一半。

《继承法》第二十五条规定，继承开始后，继承人放弃继承的，应当在遗产处理前，作出放弃继承的表示。没有表示的，视为接受继承。

因此，虽然多年来张先生的母亲，张姚淑芬和大陆没有联系，但是，她也从未表示过放弃继承。根据法律规定，未明确表示放弃继承，应当被认为是接受继承。这套房产的继承人中的确包括她。

司法实践中，对于分家析产没有时效的规定。因此，虽然外公是在“文革”之前就去世了，距今已经50多年了，但是，家庭分家析产的请求可以随时提出来，并没有超过时效。因此，现在张先生提出来按照法定继承的有关规定，分割四合院，明确自己母亲和姚振东之间的房产份额，合情合理合法。

虽然明确了四合院的继承份额，但是，因为院子是不动产，而继承人又天各一方，所以，到底该如何操作，才能让相关各方的继承权得到落实呢？这是一个无法回避的、又关乎大家合法权益的重要问题。

鉴于此，这套房产如何处理，还需要他们两个表兄弟能够相互体谅，好好商量。因为张先生一家都已经加入美国籍，所以根据美国法律的规定，他们在海外拥有超过50万美元的财产是要申报纳税的。这对于张先生的母亲来说就更不划算了，因为即便她只持有房产一半产权，但是其市场评估价却非常高，如果按照美国法律的规定，那么，老人家要支付的税款将是一笔巨款。

如果房产不拆迁，无法变现，那么，张先生想从中获得收益，以便安享晚年的打算就难以实现。如果他想要现金，那么，他要么将自己的一半产权卖给表弟，要么，他和表弟协商一致，将房产出售给他人。否则，就只能是拿着一个无法居住的四合院的一半产权，和空中楼阁并无二致。

六、儿子去世，婆婆和儿媳如何分遗产？

常言道，人生最不幸的三件事就是：童年丧母、中年丧偶和晚年丧子。这样的境况就发生在林家，而林家婆婆竟然一生遭遇两个不幸，即中年丧偶和晚年丧子。

林家婆婆不到60岁，唯一的儿子叫林雄，今年35岁，在北京一家建筑工地上做零工。林雄7岁时，父亲去世，是母亲一手将他抚养成人。10年前，林雄结婚，妻子名叫小青，两个人育有两个男孩。小青在家务农，照顾孩子和老人。日子虽然不富裕，但是倒也平静，温饱不成问题。

可是，春天时的一起意外事故，夺去了林雄的生命，处理完后事，事故的责任方赔付了小青一笔赔偿金，共计人民币48万元。拿着这笔巨款回乡之后的小青照常务农和操持家务，看不出什么变化。可是，秋收忙过之后，媒人上门，引发了她和林婆婆之间的矛盾，以至于最后两个人势同水火，小青连饭都不给婆婆做了，带着孩子另起炉灶，一个屋檐下生活的两个女人，竟然成为了仇敌。

出现这种矛盾的原因在于，林婆婆和小青对于林雄留下的财产的归属有着完全不同的想法，观点十分对立。林婆婆觉得儿子用命换回的钱，应该是自己和两个孙子的，如果小青要改嫁，就必须把钱和孩子都留下。而小青则认为，自己是林雄的妻子，孩子的母亲，自己才有权享有这笔钱，不管今后改嫁不改嫁，都是自己的自由，林婆婆无权干涉，更不能染指这笔钱。

到底该怎么办？这种夹杂法律、亲情、欲望、偏见和愚昧的纠纷，在中国农村仍然广泛存在。而要想妥善解决问题，就不能不考虑现实情况，如果仅仅停留在法律层面上，则很可能造成对不幸女人的二次伤害。

律师点评

本来婆媳关系就是一个千古难题，古今中外，莫不如是。尤其不幸的是，当促成两个人相识的那个男人英年早逝的时候，两个可怜女人却常常被偏见、欲望和愚昧挟持着，不可理喻地彼此伤害。

说他们被裹挟，是因为面对面的剑拔弩张常常并非她们自己的本意，或者说，她们并非愿意这样，而是其身后的其他利益群体在利用她们为自己争夺利益。比如，小青的娘家人，和林家的叔叔伯伯们。

尽管解决问题时，不得不考虑亲情和家庭实际情况，但是，法律是厘清各方权利义务，定纷止争的标尺。只有先将法律的道理讲清楚了，才能兼顾亲情和家庭关系，否则就是一笔糊涂账，到头来，谁的权益都保护不了。

律师建议

林婆婆和小青的矛盾集中在林雄遗产的分割，其次就是两个孩子的抚养权问题。

根据法律规定，林婆婆和小青以及两个孩子都是林雄遗产的第一顺位法定继承人，彼此之间不存在优先顺序，四个人的继承权是平等的。

在处分遗产的过程中，必须遵循扶老爱幼的原则，对于缺乏劳动能力和生活来源的弱者给予关照。因此，林婆婆和两个孙子的合法权益必须得到重视和保护。

父母是未成年人的法定监护人，其他任何人不得非法剥夺父母对孩子的监护权。在孩子未成年之前，为了孩子的利益和健康成长，由父母监管孩子名下的财产也是合理合法的。鉴于此，小青作为孩子的母亲有权为了孩子的利益，代为持有孩子名下的财产。即便是作为祖母的林婆婆也不得提出异议。

法律知识点

针对继承，我们先来搞清楚什么是遗产：

根据法律规定，林雄去世，且他有符合《继承法》规定的继承人，因此，林雄就是被继承人了，他名下的财产就成为遗产，如果没有遗嘱，则应当按照法定继承的规定来分割。

补充一下，就是如果去世的人，没有符合条件的继承人，那么他也不是被继承人。也就是说，并非所有拥有财产的死者都是被继承人。

林雄是被继承人，他名下的遗产可以被继承，那么，这些遗产都包括什么呢？

林雄婚前的个人财产。这些财产此时就是他的遗产，根据继承法律的有关规定，法定继承时，第一顺位继承人就是他的父母、子女和配偶。这些继承人通常是均分遗产。因为林雄的父亲已经去世，所以他的法定继承人就是小青、两个儿子和林婆婆。这四个人平分林雄的这部分遗产。

只要第一顺位继承人尚在，第二顺位继承人就无权继承。第二顺位继承人包括被继承人的兄弟姐妹、祖父母和外祖父母。

因此，在继承林雄遗产这件事上，一直鼓动林婆婆和小青争抢的林雄的叔叔，是和此事没有一点关系的。虽然按照中国农村的传统，因为他姓林，代表林家的传承，但是，按照法律规定，这个叔叔无权染指林雄的遗产。

林雄婚后的夫妻共同财产中，属于林雄儿子的那部分。即儿子和儿媳共同拥有的财产中，如果没有特殊约定，那么，这些共同财产中的一半就是林雄的遗产，也可以按照法定继承的规定由死者的父母、子女和配偶继承。比如，夫妻共有的房子，林雄和小青各占50%，那么，此时，林雄的50%份额，就是他的遗产，由小青、两个孩子和林婆婆继承。另外50%份额就是小青单独拥有的。

林雄的死亡赔偿金。这些款项都是为了安抚死者需要赡养和抚养的亲属，虽然法律上并没有明确规定这些钱的归属，但是，通常情况下，都是作为死者的遗产来处理的。以保证家中老人、配偶和子女未来的生活有保障。因此，这笔48万元的赔偿金也按照法定继承的方式在小青、两个孩子和林婆婆之间平分。

针对孩子的抚养权，解决方法很明确，即《民法总则》和其他相关法律规定，父母是未成年人的法定监护人。因此，林雄去世后，小青作为孩子的母亲，仍然是他们的法定监护人。只要她不存在法定的丧失监护权的情形，比如，虐待、遗弃未成年人的行为，她的法定监护权是受到法律保护的。即便林婆婆是孩子的奶奶，也不能从小青手里争取到监护权的。

此处的监护权和常说的抚养权是不同的，监护权是指针对未成年人的人身、财产权益进行监督和保护的身份权利。抚养权是指父母对未成年子女的共同生活和养育的人身权利。可以说，监护权包括抚养权的内容，但是，抚养权只是监护权的一部分。离婚时，夫妻中会有一方丧失对未成年子女的抚养权。

本案中，林婆婆和小青之间不存在抚养权纠纷，因为小青就是孩子的法定监护人，而林婆婆并不是。

任何法律规定的背后都有价值观取向，《继承法》中有关继承人顺位和遗产范围的规定，体现了助老抚幼的基本精神。特别是对配偶权利的保护，更是为了给未成年人一个稳定的成长环境，让他们能够在仍然在世的父亲或母亲身边长大。毕竟他(她)才是他们最亲近的人。而关照好老人和孩子，才是最能告慰死者的方式。

七、老人留下遗嘱由保姆继承房产，最后却事与愿违

独居多年的白阿姨一直由保姆小张照顾，两个人就像相依为命的母女。因为白阿姨的老伴和唯一的女儿均已经因病去世，所以，平时就是小张在白阿姨家进进出出，除了原来的女婿还来看望白阿姨，她几乎被这个世界遗忘了。

冬天的时候，白阿姨得了肺炎，经过治疗没有好转，反倒一病不起，没过一个月就离世了。在处理后事的时候，白阿姨妹妹的两个儿子（也就是白阿姨的两个外甥）来了，开口就向小张索要白阿姨的存折和房屋产权证。当着医院众多医生和护士的面，小张拿出白阿姨的遗嘱，说阿姨已经将所有财产都留给了她，包括白阿姨名下的房子和 30 多万元存款。看到这份遗嘱，白阿姨的两个外甥马上就大吵大闹起来，不承认遗嘱的效力，说小张欺骗他们，还说她虐待白阿姨，才导致老人因病去世。

小张没搭理他们，继续和白阿姨的女婿一起忙碌，把老人的后事办妥了。本想着先回老家一趟，回来再办理遗产的事情，没承想，还没离开北京，她就接到了法院的传票，那两个外甥把她告上法庭，要求法院撤销白阿姨的遗嘱，并按照法定继承的方式来继承白阿姨的遗产。此时，小张才开始觉得事情

严重了，可是，她在北京无亲无故，不知道该怎么面对这个问题。

经过白阿姨邻居的提示，小张找到律师协会的法律援助中心，向这里的专业律师咨询该如何处理自己碰到的问题。一咨询，她才发现事情比她想象得复杂得多，里面涉及的法律规定，都是她闻所未闻的东西。

律师点评

随着我国逐渐进入老年社会和家庭小型化，养儿未必防老，而当保姆对老人悉心照顾、呵护有加时，老人们更容易产生信赖和好感。时间久了，两个朝夕相处、相依为命的人，就有了类似亲人的情感。

在现实中，老人订立遗嘱，将财产留给保姆，或其他非继承人的情形并不少见。比如，留给对自己照顾有加的丧偶前儿媳或前女婿。

在民事法律中，当事人的自由意志是最受重视的价值，因此，合法有效的遗嘱高于法律规定，必须要按照遗嘱来执行，以满足死者的心愿，体现民事主体的自我意愿。

律师建议

小张不是白阿姨的法定继承人，她是通过白阿姨的遗嘱来获得遗产的。法律上，她是受遗赠人。针对继承和遗赠，法律上有不同的规定，受遗赠人必须给予重视，否则可能导致重要财产损失。

法律上有“不保护权利的沉睡者”的基本原则，即为了使法律关系保持稳定，避免长期处于不确定状态，法律会要求持有权利者尽快行使自己的权利。比如，在有关遗赠的法律规定中，就要求受遗赠人在得知受遗赠后的两个月内做出明确的接受遗赠的表示，否则就视为放弃。因此，保姆小张是否能够顺利获得遗赠的遗产，其是否按照法律要求履行了这些程序至关重要。

法律知识点

《继承法》第十六条第三款规定："公民可以立遗嘱将个人财产赠给国家、集体或者法定继承人以外的人。"这就是遗赠，遗赠是遗嘱继承的一种特殊形式，除国家和集体之外，接受遗赠的个人是受遗赠人，他们可以是法定继承人之外的中国公民，或者外国公民。

要想遗赠产生法律效力，必须满足以下几个条件：

第一，订立遗赠遗嘱时，立遗嘱人必须是神志清晰，具备完全民事行为能力。

第二，遗赠的财产是遗赠人的个人合法财产，具备完全的处分权。

第三，遗赠人在将财产遗赠给受遗赠人的时候，已经为自己的缺乏劳动能力又无生活来源的继承人预留了遗产份额。

第四，受遗赠人在遗嘱生效时在世，未死亡。

对于受遗赠人来说，他们要是想顺利拿到遗赠财产，还必须做到关键的一点就是：受遗赠人务必在知道自己受遗赠时的两个月之内，做出接受遗赠的明确的意思表示，否则，就被视为放弃接受遗赠。

在本案中，保姆小张在为白阿姨办理丧事的时候，就向众人（包括医院的医生、护士、白阿姨的两个外甥和前女婿）表示要按遗嘱办理财产事宜，也就说明自己接受遗赠。这个举动非常重要，关系到小张的权利最终是否会得到法律支持的一个关键点。

当然，本案中，小张最后是否会真的得到遗嘱中赠与的财产，还涉及其他因素：

遗嘱本身的内容是否合法有效，白阿姨处分的财产是否都是她个人的合法财产。如果她越权处分财产，那么，越权部分是无效的。

遗嘱的形式是否合法，比如，白阿姨是否存在神志不清的情况，订立遗嘱的过程中是否存在被胁迫或被欺骗的情况，等等。这些都是本案法官需要调查和判断的事项，否则，很难判定遗嘱是否有效，遗产到底归属于谁。

遗嘱的形式有很多种，不是仅仅公证遗嘱才有效。只不过，现实中，经过公证的遗嘱具备较高的公信力，通常会被法院直接采用，除非有另外合法证据可以证明公证遗嘱无效。

《继承法》第十七条规定，遗嘱分五种：公证遗嘱、代书遗嘱、自书遗嘱、录音遗嘱和口头遗嘱。

前文已经讲过，继承自被继承人去世时开始，因此，遗嘱也是自立遗嘱人去世时生效。

独居或空巢老人如果缺少来自家人或儿女的关心，很容易将朝夕相处的保姆当作亲人，如果保姆对老人悉心照顾、呵护有加，老人们就更容易产生信赖和好感。因此，当他们处理身后事的时候，将保姆视为家人，为她们的利益进行一些安排，也是在情理之中的。

不过，由于他们不是继承人，所以，为了使老人的遗产能够尽快得到处理，避免继承人的权利长期处于不稳定状态，法律规定受遗赠人应当于两个月之内做出接受遗赠的明确表示，否则就视为放弃，其实是在尊重老人意愿和照顾继承人的情感之间做出了平衡，这里面体现的是法律的公平和温情。

八、爷爷奶奶要把房子赠与孙子，应该提前得到子女的同意吗?

大胖已经快 30 岁了，到了谈婚论嫁的年龄。可是，他没房子。好在女友很贴心，不在乎先租房结婚，然后再想办法。这样的表态让大胖心里更加过意不去，每天脑子里都在想房子的事情，恨不得天上掉下来馅饼，正好砸在他头上。

心里这样想着，好运就这样来了。大胖的爷爷奶奶都快 90 岁了，住在位于市中心的一个老小区里，两居室，没电梯，却交通便利，生活设施齐全，而且还是附近重点小学的学区房，大胖自小就住在爷爷奶奶家，是老两口的心头肉。眼看着大孙子结婚却没房，老两口当即决定将这套两居室赠送给大胖，做婚房。因为大胖的父母离异多年，所以他们愿意跟大胖的父亲挤一挤，住在大胖父亲单位分的一个一室一厅里。

知道了爷爷奶奶的心思，大胖的心里别提有多高兴了，可是，跟女友一说，女友却不同意。善良的女孩说："为了咱们结婚，让 90 岁的爷爷奶奶居无定所，挤在一室一厅里，多不孝顺啊。咱们还是租房结婚，等爷爷奶奶过世之后，再搬进去住。反正，房子是给咱们的，也跑不了。"大胖感激得差一点热泪盈眶，回到家跟父亲和爷爷奶奶说明了准孙媳妇的意思，老人们都心花怒放，更加疼爱这个女孩。当即，父亲和爷爷奶奶就决定尽快办理房屋的产权过户手续，“就算不能让人家女孩住进去，也要给人家一个定心丸，别辜负了人家。”这是爷爷奶奶的肺腑之言。

可是，就在大胖和爷爷奶奶紧锣密鼓地办理产权过户和筹备婚事的时候，二叔和三姑来了，他们对爷爷奶奶把房子赠送给大胖有一肚子的意见。面对咄咄逼人的两位长辈，大胖的心有点虚，感觉好像自己占了便宜。爷爷奶奶的态度也不那么坚决了，似乎觉得亏欠了这两个孩子。只有大胖的父亲仍然理直气壮，他对自己的弟弟和妹妹说：“房子是爸妈的，他们想给谁，就给谁。何况，如果他们住进我的家，养老送终的事情，我都负责了，你们不用管。”大胖知道父亲是为了自己，才这么说，可是他多年前因工伤导致左腿残疾，要想一个人承担赡养爷爷奶奶的责任，谈何容易啊。

因为二叔和三姑的责难，爷爷奶奶开始忧心忡忡，大胖自己不方便多说什么。可是，父亲却非常坚决地跟老人说：“他们两个生活都不错，每个都有两三套房子，还跟我们抢。况且，这个房子是你们二老的，你们想给谁就给谁，我和大胖负责给你们养老送终，不用指望他们。再说了，这么多年了，他们对您二老怎么样，还用我说吗？”经过父亲的开导，于是，房屋产权过户的手续继续办理，所不同的是，这个过程不再像以前那么轻松愉快了，大胖心里总像压着一块大石头。

律师点评

在中国，房子是每个家庭的最大财产。对于已经步入老年的爷爷奶奶辈的人来说，为了给子孙留下更多财产，抑或是为了平衡家庭中的关系，将自己名下的房子赠与孙子也是他们处理自己财产的一种方式。

虽然我国目前还没有开征遗产税和房产税，但是这就像悬在大家头上的“达摩克利斯之剑”，早晚会落下来。基于避税的考虑，有些老人就干脆决定将房子直接留给了孙辈。只不过这种做法，绕过了自己的子女，经常会招致子女的异议，甚至引发家庭矛盾。

律师建议

因为中国父母一直以来对孩子的无私奉献，所以导致很多人搞不清楚父母也是有权利的。房产是父母自己的财产，他们自己完全有权自行处置。子女无权对此指手画脚，更不能因此对父母施加压力，甚至以拒绝履行赡养义务来要挟父母。

因为孙辈不是老人的法定继承人（除非是子女早逝，代位继承发生，孙辈才能加入继承），所以，如果老人想把房产直接留给孙辈，就只有两种方法：第一，老人订立遗嘱，明确表示在自己百年之后，由孙辈来享有房产，此时是遗赠行为，也和继承不同，需要关注相应规定；第二，老人是在自己尚在世的时候，处分房产的，这是赠与。

大胖家的做法就是第二种，此时办理产权过户时，要参照适用类似于买卖的规定，因为大胖不是法定继承人，无法享受到继承的税费优惠。不过，针对大胖家的情况，还是建议在爷爷奶奶在世时办妥过户，以免夜长梦多，最后被二叔和三姑搅黄了，耽误大胖的终身大事。

法律知识点

根据《民法总则》《物权法》等基本法律规定，物的所有权人有权按照法律规定，排他地对物行使占有、使用、收益和处分的权利。因此，只要房子是老人自己的财产，他们自己有绝对的所有权，完全有权自己做主，给谁，不给谁，都是他们的自由。

在将房子赠与孙子的时候，老人们必须注意，房子的所有权人都同意，即如果房子是夫妻共同财产，那么，老两口必须都同意，并出具书面的文件，同意赠与。如果已经有一方老人已经过世了，那么，在世的一方就无权将房子的全部产权赠与孙子，因为去世一方的产权已经被继承了，老人必须征求继承人的同意。这些继承人当然就是去世老人的子女了。

本案中，不存在这种情况，因为大胖的爷爷奶奶均健在，所以他们两个人一致同意赠与大胖，就可以了。其他人无权提出异议。

因为孙辈不是老人的法定继承人，所以，老人在世的时候，房屋赠与孙辈，是赠与。老人去世后，房屋给孙辈，是遗赠，均不能适用继承的规定，对此要特别注意。除非受赠与人（或受遗赠人）的父母已经在老人之前去世，则另当别论，可以视情况，适用代位继承的规定。此处不再论述，留待以后单独说明。

赠与是实践性法律行为，即赠与行为的完成不仅需要有赠与合同，还必须要有实际完成房屋赠与的过户手续，才是赠与完成。在房屋过户之前，赠与还是可以撤销的。此点和动产的赠与不同。

老人赠与房子给孙子，还要注意有关税费的情况。在目前实行限购、限贷和限售的楼市调控的大背景下，接受房屋赠与需要购房资格，而且其税费负担和房屋买卖差不多，也就是说，孙子要想得到爷爷奶奶赠与的房屋，不仅需要购房资格，还需要负担一笔不少的费用。

而如果老人将房屋在百年之后，由子女继承，或者赠与直系亲属，目前不受购房资格的限制，税费也较买卖和赠与少。不过，如果这样操作，就无法满足老人的愿望，即让孙子获得房产。除非老人将房屋赠与孙子的父亲，即自己的亲儿子，然后，让儿子再赠与孙子。这种曲线救国的方法，在理论上是可行的，但是，实践中几乎没人这样做，因为其中牵扯的利益和手续太复杂。单单是如何说服儿子的兄弟姐妹，让他们同意房产只由孙子的父亲取得，这一条，在现在的中国家庭中，就是一个特别敏感的话题。很多人一听这个方案，第一个反应就是，“他得到了房产，那么，他应该负责赡养老人吧，我们就不用管了。”可是，获得房产的儿子，却不这样想，“爸妈是大家的，凭什么让我一个人负责养老啊！”

利益纠缠如此，虽然老人的房产自己做主，但是，要想按照自己的想法，直接赠与孙子，也不是一件容易的事情。“清官难断家务事”，自古使然。不过，大胖家的情况相对简单，毕竟大胖父亲的条件是三个子女中最差的，爷爷奶奶用这种方法来帮助儿子，无可厚非，也是情理之中的。更何况，大胖和父亲跟爷爷奶奶的感情很好，他们肯定会负起赡养爷爷奶奶的责任的。如果爷爷奶奶坚持，将房屋赠与大胖，二叔和三姑即便不同意，在法律和情理上也都是无可奈何的，只能接受。毕竟这是他们父母的决定，接受帮助的还是他们自己的大哥。“血浓于水”，放弃利益争抢，尊重父母的决定，对他们来说，是上策。

九、爷爷去世几十年，房屋继承一团乱麻

邱吉的奶奶刚刚去世，身为长孙的他本想着在处理完后事之后，稍微休息一下，因为最近几年照顾奶奶有点身心疲惫，没想到，葬礼结束没几天，家族中的七大姑八大姨就找上门来，说要把爷爷奶奶名下的财产分割清楚。面对这些长辈，邱吉有点懵，而且他自己的父亲身体很不好，根本无法处理这些麻烦事。无可奈何，最后还是邱吉出面应对。

事情的原委是这样的：虽然现在的房子价值很高，引得众人欲望横流，但是在 20 多年前并非如此。当邱吉爷爷去世的时候，家里的人都没想到分割财产。因为奶奶还在，所以家还在，分家析产是不孝顺的。于是，除了家里没有了爷爷，一切如常，大家平静地过着自己的日子，任由岁月流逝。

如今，奶奶也不在了，而爷爷奶奶名下最值钱的财产就是他们居住了快 40 年的房子。这是一套位于北京北三环附近的老式楼房，面积 70 平方米，临近地铁和一所重点小学，目前市场价是每平方米人民币 9 万元左右。邱吉的父亲是独生子，根本没在意房子的事情，认为房子肯定是自己的，母亲又刚去世，根本没心情考虑房子怎么处理。结果，现在出面找他们的是爷爷的弟弟和妹妹，也就是邱吉的二爷爷和三姑奶奶。当然，这两位老人自

己没出面，而是由他们的儿子作为代表，来找邱吉父亲商量房产分割的事情。看着眼前这两个陌生人，邱吉的头都大了，完全不知道从哪里入手来跟对方谈。他隐隐觉得此事蹊跷，但又说不出来到底是哪里出了问题。

律师点评

网上盛传的所谓“独生子女无法继承父母房产”的文章，大多描述的就是邱吉家遇到的情况。其原因在于，作为房产共有权人的邱吉的爷爷去世的时候，他自己的父母还在世，也就是说，邱吉的曾祖父母还在，在没有遗嘱的情况下，他们是邱吉爷爷所拥有的房产的法定继承人。

当邱吉爷爷的父母去世后，他们继承的邱吉爷爷的遗产就成了他们的遗产，可以由他们的子女继承。而他们的子女就是邱吉爷爷的兄弟姐妹。此时，对于邱吉来说，这些没见过面的亲戚就成了和他父亲一样的继承人，他父亲这个独生子女在继承遗产这件事上，一点优势都没有。

很多人议论我国《继承法》不公平，让不相干的人来分死者的财产。但是，在“白发人送黑发人”的情形下，由死者父母继承遗产的一部分，既体现了我国法律照顾扶助老人的原则，也兼顾了我国的文化传统，并无不妥。

律师建议

邱吉爷爷已经去世20多年，其遗产一直没有分割，但是，这并不影响有关继承人的权利。因为在未分割前，相关继承人对于邱吉爷爷的遗产处于一种共有状态，此时，无人放弃权利，也无人提出异议，不适用《民法总则》中有关诉讼时效三年的规定。

房产是邱吉爷爷奶奶夫妻的共同财产，爷爷名下的份额是50%，这个50%由邱吉的奶奶、父亲和爷爷的父母四个人来继承，那么，爷爷的父母共同继承50%中的50%，即全部产权的25%。其余75%产权还是在邱吉奶奶和父母名下，并没有显失公平。

现在爷爷的兄弟姐妹来主张这个25%份额，邱吉父子也只能跟他们协商，而不能否认他们的权利。不过，他们所占份额并不大，不论采取何种形式，邱吉父亲作为持有75%产权的继承人还是有很大主动权的。

法律知识点

根据我国《继承法》的规定，继承开始于被继承人死亡之时。也就是说，不管遗产是否实际分割，遗产的继承都在被继承人死亡时就开始了。遗产分割只不过是继承进行过程中的必要程序。在没有遗嘱的情形下，继承按照法定继承的规定来办理。被继承人的配偶、子女和父母都是第一顺位继承人，他们都有权均分遗产。

那些可以成为遗产的财产，在《继承法》第三条里都有明确规定，其中最难处理的就是不动产。因为存在多名继承人的情况时，不动产难以分割的特性，使得对其的处理显得特别麻烦。而且不动产的分割一定要履行必要的手续，还要缴纳相关的税费。

根据继承法，如果祖父去世时，祖父的父母尚健在，祖父的父母为其第一顺位继承人之一，有权参与祖父名下那部分房产的继承。虽然当时没有进行继承分割，但是权利的确存在。后来，祖父的父母去世，他们名下的那部分房产，就成为他们的遗产，由他们的子女，即祖父的兄弟姐妹继承。

如果在实际分割遗产时，祖父的兄弟姐妹中有人去世，那么，他（她）的份额就要由他（她）的继承人继承，如此一来，整个继承和遗产分割的参与人就变得非常复杂，彼此之间甚至都没见过面。

因此，当祖母去世，有权继承房产的继承人已经变成了一个庞大的人群，即祖父的兄弟姐妹、祖父的子女（父亲和他的兄弟姐妹）和丧偶的叔叔或姑姑的配偶和孩子（如有），以及去世的祖父的兄弟姐妹的继承人。

在此种情形下，要想把房产过户到父亲或者某一位继承人名下，就必须要求其他继承人同意。而取得这些继承人的同意将是一项艰巨的工作，不要说和他们协商了，就是把他们都找全，都困难。可是，如果不找到所有继承人，房产的处理就存在瑕疵，无论是过户，还是卖掉分钱，都可能受到忽然冒出来的陌生人的指责："那些钱里，有我一份！"

综上，邱吉的父亲如想把父母的房产过户到自己名下，就必须要和邱吉爷爷的兄弟姐妹及其继承人进行协商，否则他们无法完成房产继承手续。在实践中，解决此类事情的最好方法就是趁着老人还在世，比如，邱吉奶奶还在的时候，找到相关利益人进行协商，毕竟老人还在，事情好商量。一旦上一辈都先后谢世，这些复杂、烦琐的事情留给子孙，实在不是一件轻松的事。

十、奶奶去世后留下的老公房，到底谁有权住？

小萍今年35岁了，因为父母早年离婚，所以小萍是跟着奶奶长大的。从5岁起，她就和奶奶一起住在西单北大街的一个平房院里。房子是院中的东厢房，里外套间两间，面积一共18平方米。父亲和母亲先后再婚，都住在其他地方，偶尔回来看看她。30年间，小萍和奶奶相依为命。

去年冬天，奶奶因病去世，小萍深感生命无常，于是将自己的婚事提上日程，计划等奶奶周年祭之后，就登记结婚。男友是外地的，在北京没房，也没资格、没钱买房，奶奶留下的这两间小平房就成了他们未来遮风挡雨的窝。乐观随和的小萍和男友倒也没什么奢求，觉得这一切都挺好。

可是，今年春天，小萍的父亲忽然来了，告诉小萍，自己又离婚了，没地方住，要回这个小平房住。看着无家可归的父亲，小萍无可奈何，只好让他回来住。不过，过了几天，小萍听说他们家这片平房区要拆迁了，拆迁单位正在挨家挨户入户调查。小萍觉得父亲回来的时间点很蹊跷，就赶紧跑到房管所，要求把公房承租合同上承租人的名字改成自己的，可是，房管所的人说，昨天他父亲已经来过了，也提出了相同的要求。因为他的户口还落在这个房子上，所以房管所的人同意了他的要求，只是让他回去跟小萍商量，只要小萍没意见，这个承租人就可以改成小萍父亲了。“可是，他昨天回家，什么都没跟我说啊。”小萍喃喃自语，心里更加不安起来。

“你爸爸干吗要改名啊？他这个时候回来住，太巧了吧？”男友的话提醒了小萍，“难道他回来，跟拆迁有关？”

为了保护自己和男友的未来美好生活，小萍决定咨询一下律师，看看父亲的葫芦里到底卖的什么药。“30 多年没有管过我，现在还来跟我争拆迁款，门儿都没有！”小萍恨恨地说，不禁回忆起小时候因为父亲不在身边所遭受的辛酸。

律师点评

《城市房屋拆迁管理条例》规定，拆迁公有租赁住房的，拆迁人应当和被拆迁的承租人签署拆迁补偿协议。其他人是无权和拆迁人签署协议的。

公房租赁是国家房管部门将公房的使用权转让给承租人，而这个使用权是房管部门让渡的，不能继承、转让、赠与或出售。

不过，因为历史原因，或者实际困难，公房的承租人去世后，其原来的公房无法收回，只能让承租人的家庭成员继续使用。只不过，这种继续使用不是基于继承的概念，而是基于公平原则。因此，小萍继续住在这两间平房里，是符合法律规定和公平原则的。

律师建议

在公房出租的情况下，谁是承租人非常重要，拆迁时，《拆迁补偿协议》只能是承租人出面签署。因此，小萍父亲执意要把租赁合同承租人改成自己名字的原因，恐怕真的和拆迁有关。小萍如果想维护自己的合法权益，有权向有关部门说明情况，不同意父亲的要求，同时尽快将承租人改成自己的名字。

小萍父亲的户口还在这个房子里，不是其作为承租人的必要条件，因为人户分离，所以，他其实并非常住的家庭成员了。公房承租权能够让同住亲属继续享有，还是为了保证家庭成员的居住权，不是继承的概念，也和户口没有关系。

法律知识点

《城市公有房屋管理规定》里明确规定，公有房屋的承租人死亡的，其共同居住两年以上的、且无其他住房的家庭成员有权继续承租该房屋。

根据《城市房屋拆迁管理条例》规定，拆迁人要和被拆迁的承租人签署拆迁补偿协议，是为了更好保护承租人的合法权益，避免其居住权益被公房管理单位侵害，同时也是为了提高拆迁效率，减少中间环节。

原承租人死亡的，拆迁人需要和原承租人共同居住的、无其他住房的家庭成员来协商拆迁事宜，签署拆迁补偿协议，其他人无权介入。而且，因为拆迁补偿款或实物是为了补偿公有住房居住人的损失，所以应该归共同居住人所有，并非原承租人的遗产。

小萍家的情况其实很简单，即小萍是公房的新承租人，有权签署拆迁补偿协议，获得拆迁补偿。他父亲即便户口在这里，但是因为常年不住在这里，所以不是奶奶的共同居住人，不能成为新承租人，也就不能得到拆迁补偿。除非小萍主动赠与他一部分。

十一、再婚父亲的遗产，谁来继承？

久儿今年 27 岁，二十年来跟着母亲生活。已经跟母亲离婚的父亲早成立了新的家庭，不过，他们父女之间有个秘密，就是即便母亲不同意，他们两个人也每周都会见面，父亲和她之间的感情没有因为父母离异而受到影响，虽然他们享受这份亲情的时候需要偷偷摸摸的。

春节前，父亲送给久儿一个新手机，还带着她和继子一起吃了一顿海鲜自助餐。父亲的继子叫全哲，比久儿小 3 岁，父亲再婚时，全哲只有 5 岁，如今早已经将父亲当成自己的亲生父亲，和久儿也相处融洽。

可是，毫无征兆地，父亲在端午节过后没几天，突发脑溢血，离开了人世。母亲对此不闻不问，也无动于衷，好像她从来不认识这个男人。久儿却顾不了那么多，在母亲冷酷和反对的目光中，她冲出家门，和全哲一起料理父亲的后事。身心交瘁地操办完葬礼之后，久儿就再也支撑不住了，她向单位请了病假，在家休息。

一个下午，母亲给她端来一碗参鸡汤，然后跟她说了一番话，正是这段话让久儿一阵心悸，忽然发现生活原来这么复杂，母亲和她想的竟然如此不同。

母亲说："我和你父亲离婚时，没什么财产，我只要了你。现在二十多年过去了，他混得风生水起，房子、票子、车子都有了。现在他死了，你是他唯一的亲骨肉，他的财产必须有你的份。你必须去要，不能都给了那个野女人和兔崽子。"

久儿不知如何是好，她不知道该如何向全哲和继母开口。

律师点评

父母离婚，对于孩子来说是痛苦的，因为他必须在最挚爱的人当中选择一个，而不能两个都拥有。但是，好像父母并没有意识到孩子的伤痛。于是，我们经常看到，拥有抚养权的一方将孩子带走，甚至不让另一方看一眼。可是，人非草木，孰能无情？尽管看不到孩子，但是，父子亲情却是无法割舍的。

根据民政部2017年的统计，我国离婚率高达30%多，也就是说，近三分之一的夫妻，用离婚的方式结束他们的婚姻关系。在这些离婚案件中，60%都涉及孩子的抚养。《婚姻法》中规定，父母有抚养孩子的义务和责任。《婚姻法》第三十六条规定：父母与子女间的关系，不因父母离婚而消除。离婚后，子女无论由父或母直接抚养，仍是父母双方的子女。离婚后，父母对于子女仍有抚养和教育的权利和义务。

从上述规定中可以看出，父母和子女的关系不因父母离异而有所改变，孩子始终是父母的孩子。有抚养权的一方应当协助另一方履行作为家长的义务，比如，探望权的配合、家庭教育的支出和情感交流的需求。这些都是孩子健康成长所必需的，孩子作为一个个体，有权享受到父母双方的关爱。

在父母去世后，其遗产的继承和分割也体现着上述的那些原则。

律师建议

尽管久儿的母亲无视父亲的生老病死，但是，久儿的父亲还是很幸福的，因为他并没有失去女儿，这份父女情弥足珍贵。我们不知道久儿的父母经历了什么，但是，如果是因为自己的一时意气而让女儿少了父爱，那么，我们不得不说久儿母亲还是有些自私和偏执的。

根据法律规定，久儿作为父亲唯一的血亲，且是第一顺位继承人之一，她有权参与继承父亲的遗产。同时，全哲作为父亲的继子，自小由父亲抚养长大，已经从事实上形成拟制血亲关系，也有权作为继承人参与继承。同时，父亲的第二任妻子作为配偶也是第一顺位继承人之一。因此，久儿、全哲和父亲的第二任妻子都有权继承。

针对父亲的遗产部分的继承，久儿、全哲和父亲现任妻子的继承份额是均等的（除非有特殊约定），每人占三分之一，因为他们都是第一顺位继承人。

法律知识点

我国《继承法》第十一条规定，被继承人的配偶、子女和父母为第一顺位继承人。此规定中，并未区分子女的具体情况，因此，只要是被继承人的子女，都有权继承，在没有遗嘱的情况下，孩子和被继承人的配偶和父母享有相同的继承权。非婚生子女和婚生子女的继承权相同。

这样规定的初衷是体现了中国人关心的血缘问题，毕竟即便是子女由前妻或前夫抚养，但是血缘上还是自己的骨肉，由这个孩子来继承遗产无论从传统的血缘角度，还是从现代的情感角度来看，都是站得住脚的。同理，可以解释非婚生子女的继承权问题。非婚生状态并非孩子的过错，而从血缘上，孩子也是这个家族的后代，由他来继承遗产，也无可厚非。

本案还涉及再婚家庭中常见的继父母和继子女之间的财产继承关系。亲生父母子女是血亲，而产生抚养关系的继子女和继父继母之间，就是拟制血亲。如果他们之间形成了拟制血亲关系，那么，继子女也是有权继承继父继母遗产的，但是，同时，他们也有义务赡养继父继母。根据《婚姻法》第二十七条的规定，一旦形成具备抚养关系的继父母和继子女的关系，就视为是父母子女的关系。此时，继子女和亲生子女一样，可以继承遗产。当然，如果再婚时，继子女已经长大成人，那么，就无法形成抚养关系，也就谈不上继承遗产了。

因此，虽然久儿的父亲是在离婚之后才取得那些财产的，是他跟再婚妻子的夫妻共同财产（我们假设他们夫妻之间没有有关财产的特殊约定），和久儿的母亲无关。但是，父亲拥有这些共同财产中的份额是其遗产，在没有遗嘱的情况下，应该由其法定继承人继承。而久儿就是法定继承人之一，久儿的母亲说得没错。另外，继子全哲和继母也有权和久儿一起继承父亲遗产，他们拥有平等的继承权。

综上，我们认为法律这样规定，是为了让家庭破裂的未成年人能够在新组建的家庭里面得到照顾，健康成长。同时，也是鼓励再婚的人，善待对方带过来的子女，为自己的晚年能够得到继子女的赡养打下基础。毕竟人心都是肉长的，将心比心，正应了那句话："我育你成人，你养我终老。"岂不是人间美谈！

十二、再婚夫妻一方去世后，遗产怎么分？

年过 70 的许阿姨最近送走了和她共同生活了 30 年的老伴，伤心之后，她发现自己竟然面临流落街头的危险，而这一切来自她抚养长大的两个继子的步步紧逼。

夜深人静时，许阿姨回顾自己的后半生，觉得无限凄凉。当初结婚时，老伴丧偶，带着两个未成年的男孩，一个 13 岁，一个 11 岁，正是调皮捣蛋又长身体的时候。许阿姨则是大龄未婚单身女，想找个伴共度一生。婚后，许阿姨将两个孩子视为己出，为他们付出了全部的爱和物力，每个月的工资都用在家庭日常开支上，自己很少添置物品。老伴的工资基本都存起来了，他的理由是“两个孩子以后要上大学，得为他们攒着”。

不负众望，两个孩子都考上了大学，然后顺利毕业，结婚生子，许阿姨虽是他们的继母，但是，多年来，一家人关系融洽，不知情的邻居根本看不出他们是再婚重组家庭。可是，随着房价的节节攀升，家里的气氛有了微妙变化，许阿姨只觉得是二儿媳在挑拨母子关系，现在看来，她和儿子们渐行渐远的关系，让她今天面对的好像是两个陌生人。

老伴留下的最大的一笔遗产，就是他们夫妇一直居住的老伴单位分的一套两居室，当初购房的时候，许阿姨和老伴的工龄和职称都被折算系数，抵扣购房款。但是，因为老伴是高级工程师，工龄长，职位高，所以在抵扣房款时自然贡献比较大。另外，老两口多年来的工资都是自己各自管理，许阿姨的工资基本上都补贴家用了，老伴的工资比较高，家中添置大件物品时，他出钱，其余部分就自行支配了，许阿姨并不知道详情。因此，两个人名下是否有共同的存款，有多少，许阿姨都不知道。

"我还能不能住在这里?"许阿姨最担心这个问题。

律师点评

再婚夫妻，一方去世后，还在世的一方是否有权参加遗产的继承？是否有权主张对共同居住的房子的共有权？亲生子女和继子女在遗产继承问题上，是否有同等的权利？随着现在离婚率的增加，再婚家庭也增多，面临这样疑问的人也是越来越多。

不论初婚，还是再婚，合法婚姻都受到法律保护，因此，保护再婚配偶的合法权益也是法律应尽之职责。

如前文讲述，继父母和继子女之间如果形成抚养关系，那么他们就是拟制血亲，继子女可以继承继父母的遗产，同时，也要承担对继父母的赡养义务。

律师建议

许阿姨和老伴居住的房屋是其夫妻共同财产，虽然在房款折算时老伴的贡献较大，但是，这并不影响许阿姨的法律权利，她和老伴应当分别持有房屋产权的50%。老伴名下的50%产权，由许阿姨和两个继子共同继承，平分之后，许阿姨的权利占到房屋产权的67%。

如果两个继子想要房子，就必须按照市场价，将相当于33%的房价款给付许阿姨作为补偿。

另外，对于老两口的其他财产，也是按照上述规则来分配，许阿姨占67%，两继子共享33%。

当然，目前最简单的办法就是，许阿姨和两个继子先分割清楚房屋产权，共享房屋，保持现状，让许阿姨继续居住，直至许阿姨过世。她没有自己的子女，其持有的房屋产权早晚都是两个继子的。因为按照法律规定，两个继子只要对她尽到了赡养义务，就是她的儿子了，有权继承她的遗产。

法律知识点

我们要明确，即便是再婚，他们夫妻关系存续期间拥有的财产，都属于夫妻共同财产，但是《婚姻法》第十八条规定的夫妻一方财产除外。那么什么是夫妻关系存续期间呢？即自夫妻结婚之日起至一方死亡或离婚之日止。因此，只要是在这期间拥有的财产都是夫妻共同财产（《婚姻法》第十八条除外），前妻或前夫对于这期间的财产没有任何权利，他们不能再参与这些财产的分配和继承。

再婚的夫妻享有和原配夫妻同等的权利，即只要双方没有约定，再婚夫妻彼此之间都享有夫妻共同财产的一半，并非是有些人认为的那样，再婚夫妻，尤其是再婚妻子低人一等，无法享受夫妻共同财产的一半。这个说法完全不对，只要是合法夫妻，彼此都享有共同财产的50%。除非两个人另有约定。

《婚姻法》第二十一条规定："子女对父母有赡养扶助的义务。""子女不履行赡养义务时，无劳动能力的或生活困难的父母，有要求子女付给赡养费的权利。”

继父母和继子女之间虽然没有血缘关系，但是基于抚养关系，这些孩子对继父或继母负有赡养义务，不得以没有血缘关系为由，予以拒绝。当然，履行了赡养义务的子女，有权参与遗产的继承，而逃避义务的子女，则无权继承遗产，这个规定和亲生子女对父母财产继承的规定如出一辙，其原理是一样的。

去世一方如果有被前妻或前夫带走的亲生子女，那么，这些子女也有权参与死者的遗产继承，虽然他们可能很多年都没见面了，但是这并不影响他们的继承权。只不过，已经离异的前妻或前夫就无权参与了，因为他们在法律上再也不是亲属和家人了，变成了不相干的陌生人。

综上，再婚重组家庭虽然结构比较复杂，但是，所涉及的问题也可以按照伦理人情进行梳理，无非是权利义务的对立统一，要保证付出一方的合法权益，并兼顾亲情。不过，上面的内容仅仅限于没有遗嘱情况下的法定继承情况的讨论，如果死者有遗嘱，就要按照遗嘱办理。如果死者的遗嘱没有考虑再婚配偶的合法权益和实际困难的话，则在世的配偶一方也有权提出异议，要求遗嘱无效或变更，毕竟他们是合法夫妻，在法律上，配偶之间负有相互扶助关心的义务，死者如果做得太过分，也是违背这条规定的。

十三、抛夫弃子 20 年的女人，有权继承亡夫的遗产吗？

志宏对自己的母亲几乎没有任何印象，只听父亲说过，母亲在他 4 岁时离家出走，再也没有回来。父子二人相依为命 20 年，直到父亲因为一起车祸意外死亡，志宏成了无父无母的孤儿，也平静地接受了这样的现实。

可是，忽然有一天，一个自称志宏母亲的女人出现在他的家门口，她说她要重新回归家庭，要分得父亲留下的遗产和死亡赔偿金。

志宏一脸蒙，他根本不认识这个女人，更何况，这个女人身边还带着一个十来岁的女孩，是这个女人和其他男人生的女儿。“她是我的母亲吗？她和我父亲什么关系？她有没有权利继承遗产？”志宏的脑子里发出一连串这样的疑问。

经过调查，村里的亲戚和老人确认这个女人就是志宏多年前离家的母亲，她和志宏父亲是 1993 年成亲的，当时没有办理婚姻登记，就是在村里摆了酒席。他们两个共同生活了 8 年，志宏 4 岁时，她和另外一个男人私奔，离开家乡，杳无音信，直至此时次再次出现。

面对这样一个从天而降的母亲，志宏的心里五味杂陈，他实在不想把父亲的遗产分给她，因为志宏觉得母亲对不起父亲，也对不起自己。可是，毕竟自己是她生的，四年的养育之恩还是应当回报的。此事应该怎么解决比较稳妥，让志宏犯了难。法律和道德，恩情和仇恨，彼此交织纠缠，似乎很难得到平衡。

律师点评

志宏对于自己母亲的感觉非常令人同情，也令人理解。不论从法律还是道德层面来看，父母对孩子都有抚养教育的责任。志宏母亲在他还是幼儿时，就抛下他离家出走，的确是有违为母之道。

不过，在继承志宏父亲遗产的问题上，他母亲对于他的未尽职责，不影响她的继承权。也就是说，不论志宏如何接受不了这个继承遗产的事实，都无法否认他父母之间的关系。而这个关系的确认才是解决父亲遗产继承的关键。

即便母亲的继承权可以确认，但是在继承份额上，志宏还是可以为自己多争取一些的（如果他想这么做），毕竟母亲未对他尽到抚养教育责任，也没有尽到妻子的责任，没有为志宏父亲付出夫妻间应有的关爱帮扶之责。

律师建议

志宏的母亲是否有继承权的关键在于，她和志宏父亲的婚姻关系是否成立。因此，确认父母之间的婚姻关系是否存在是志宏需要做的第一项工作。

在完成第一项工作的基础上，志宏也许会关心母亲和另外那个男人的事情，只不过，不论他们之间是何种关系，只要母亲和父亲的夫妻关系得到确认，都不影响母亲的继承权的合法性。尽管母亲和另外那个男人的关系是不道德的。

志宏母亲的继承权得到确认之后，具体继承份额多少可以根据公平、诚信和忠诚义务等几个角度来考量，由法官进行自由裁量，以保证问题最后处理的结果既符合法律规定，也兼顾人情伦理。

法律知识点

民政部制定的《婚姻登记管理条例》规定，自 1994 年 2 月 1 日起，我国不再承认事实婚姻。事实婚姻指没有配偶的男女，未在结婚登记机关进行结婚登记，便以夫妻关系同居生活，群众也认为是夫妻关系的两性结合。

认定事实婚姻不仅有时间限制，即 1994 年 2 月 1 日之前形成的事实婚姻才受到法律保护。同时具备的条件还包括，事实婚姻中的男女双方要符合法律规定的结婚条件，对于不符合法定条件的男女双方的结合，不会被认定为事实婚姻。比如，男或女一方年龄不满法定婚龄（男不满 22 周岁，女不满 20 周岁），或者非自愿结婚，或是三代以内的旁系血亲，或身患其他不适宜结婚的疾病，等等。

如果能被认定为事实婚姻，对于在世的夫或妻来说，是非常重要的，因为我国《继承法》规定，法定继承的第一顺位继承人是被继承人的配偶、子女和父母。具备配偶身份，是配偶得到遗产的第一步。

离家 20 年的妻子，是否有权继承亡夫遗产呢？也就是说，她是否因为离家多年，而丧失继承权呢？法律对于丧失继承权是这样规定的：

《继承法》第七条规定，“继承权人有下列行为之一的，丧失继承权：

（一）故意杀害被继承人的；

（二）为争夺遗产而杀害其他继承人的；

（三）遗弃被继承人的，或者虐待被继承人情节严重的；

（四）伪造、篡改或者销毁遗嘱，情节严重的。”

上述各项的具体理解，根据《最高人民法院关于贯彻执行〈继承法〉若干问题的意见》第9、10、11、12、13、14条之规定，对应解释如下：

继承人故意杀害被继承人的，不论是既遂还是未遂，均应确认其丧失继承权；

继承人有继承法第七条第（一）项或第（二）项所列之行为，而被继承人以遗嘱将遗产指定由该继承人继承的，可确认遗嘱无效，并按继承法第七条的规定处理；

继承人虐待被继承人情节是否严重，可以从实施虐待行为的时间、手段、后果和社会影响等方面认定。虐待被继承人情节严重的，不论是否追究刑事责任，均可确认其丧失继承权。继承人虐待被继承人情节严重的，或者遗弃被继承人的，如以后确有悔改表现，而且被虐待人、被遗弃人生前又表示宽恕，可不确认其丧失继承权；

继承人伪造、篡改或销毁遗嘱，侵害了缺乏劳动能力又无生活来源的继承人的利益，并造成其生活困难的，应认定其行为情节严重。

由此可见，离家出走，未尽配偶义务和子女教养义务，并不是法定的丧失继承权的情形。

具体到志宏家的情况，我们可以仔细分析一下，帮助他解决问题：

根据资料证明，1993 年，志宏父母当时均年满法定婚龄，且自由恋爱，没有登记结婚，即在一起生活，还生育了志宏。鉴于我国自 1994 年 2 月 1 日起开始不承认事实婚姻，所以，他们两个人之间形成了事实婚姻，不违反当时的法律，是有效的。

志宏母亲离家后，却又与他人组建家庭，并生育子女，在她的新居住地，周围邻居和朋友都认为她和现任丈夫是夫妻，根本不知道她原来的家庭情况。那么，这个女人原来的事实婚姻还存在吗？是否构成重婚？

答案是否定的。

因为志宏父母之间业已形成事实婚姻，是一种现实的、稳定的婚姻家庭关系，则产生婚姻的法律效力，双方当事人应自觉承担社会责任，履行法定义务，不得自行解除，亦不允许同时与他人结婚。

本案中，虽然志宏母亲离家 20 年，但是，她的事实婚姻仍然未解除，在法律上，她仍然是被继承人，志宏父亲的配偶。而这个女人和现任丈夫的婚姻是不合法的，属于非法同居。

配偶的身份确认了，那么，她现在作为被继承人的配偶主张遗产也是合法的。不过，她是否有权按照正常关系下的配偶那样来主张呢？此时，法律和人情发生了冲突。

《婚姻法》第二十条规定“夫妻有互相扶养的义务”。所谓“夫妻间有互相扶养的义务”是指夫妻关系存续期间，夫妻双方在生活上互相照应，在经济上互相供养，在日常生活上互相扶助，在精神上互为支柱。

而志宏的母亲很明显是没有尽到夫妻间的义务，20 年间对志宏父子不闻不问，给他们造成了很大的伤害，无法弥补。

因此，从公平角度考虑，志宏母亲不应当得到法定份额的遗产，必须进行酌减。

志宏母亲的继承权不同于正常关系下的配偶权利，其份额要酌减。另外，她的权利仅限于志宏父母的遗产，而不能染指死亡赔偿金。因为死亡赔偿金不是遗产，它只是安抚死者近亲属和保障他们基本生活的补偿。本案中，应该给予死者感情最亲近的志宏独自拥有，不可以按照继承遗产的思路进行分割。

实践中已经发生过类似案例，法院的判决是在承认离家妻子的配偶身份和权利之后，酌情减少了 50% 的份额，以示法律兼顾刚性规定和弹性特殊情况之间的平衡。不管怎么说，她毕竟是志宏的亲生母亲，离家前也曾经和父亲共同生活 8 年之久。就算对于她的生身之恩的报答，或者对父亲十年的恩爱关注的回报，适当地给予她一些遗产也是合情合理的。这些遗产能够帮助志宏母亲在返家后，过上安定的生活，对于志宏来说，也是一件好事，无须让仇恨发酵。

第四篇　离婚房产分割

一、裸婚的好处，你不知道

二、夫妻共同财产，哪能随便送人

三、婚前买房，婚后共同还贷，离婚时该怎么分这个房子？

四、婚后父母资助买房，离婚时可以作为夫妻共同财产分割吗？

五、一方的婚前房产，其产生的房租和增值部分，在离婚时能分割吗？

六、夫妻共同债务的认定，实在不简单

七、房产证加名就能拿到产权？未必

八、“女强人”老婆独自打拼购买的房产，“家庭煮夫”有份吗？

九、前妻要分交通事故赔偿金，可以吗？

一、裸婚的好处，你不知道

灵子至今都是她们村里的骄傲，被演绎得像一个传奇：

从小就聪明伶俐的灵子没有父亲，母亲一个人把她拉扯大。节衣缩食的日子过久了，灵子也想要光鲜的衣裙、流行的玩具和美味的食物。可是，母亲一直告诉她，这些东西都要靠自己去挣，自己挣来的，才是最好的。于是，当灵子 18 岁的时候，她已经是村里最漂亮的姑娘，也是村里学历最高的女孩——县里重点高中毕业，还被一所本省的二本大学录取了。

面对近万元的学费通知单，灵子犹豫了，这笔钱对她们的家庭来说是巨款，她不想让母亲再为难，想放弃求学，去省城打工。可是，这个时候，却出现了一个人，就像从天而降的天使，来搭救灵子逃离眼前的困境。这个人就是村里首富的儿子，孝齐。他托媒人上门提亲，承诺彩礼 5 万元，先订婚，然后，等灵子大学毕业后再结婚。捧着这个天上掉下来的馅饼，灵子和母亲却一筹莫展。

“孝齐是我们从小看着长大的，他是怎么样的一个孩子，你应该知道吧？”母亲问。

“当然知道了，”灵子说，“谁不知道他就是二流子啊，不学无术，要不是他爸爸有钱，谁认识他啊。”

“可是，人家有钱，能帮你解决学费的问题啊。”母亲有点动摇。

“那也不是他的钱，是他爸爸的，要是嫁给他，吃穿都要向他爸爸要，那才憋屈呢。”灵子自己倒很坚决，“宁肯不上大学，也不要他的钱，我要自己挣。”

拒绝孝齐的提亲虽然容易，但是，结果就是灵子和母亲不堪骚扰，无奈搬离家乡，灵子放弃上大学，母女两个一起到省城的郊区打工。好学的灵子一边打工，一边参加自学考试，四年后，她拿到了管理学本科学历，在一家民企开始了自己的职场生涯。十几年过去了，灵子不仅在省城买了房子，买了车子，而且还注册成立了一家属于自己的公司。她和她老公所拥有的一切，都是靠自己打拼得来的，有时候，灵子跟朋友开玩笑，说：“我现在不怕离婚，如果离婚了，最少一半的财产都是我的！”

每当村里人看到孝齐现在的老婆和婆婆吵架，为了拿到更多零花钱弄得鸡飞狗跳的时候，都佩服灵子当初的英明，老话说，爹有娘有，不如自己有。的确是这个道理。

律师点评

根据我国法律的规定，婚姻的成立自双方完成婚姻登记手续之日起，在此日期之前，双方取得的财产归各自所有。在此日期之后，至离婚生效日（或者一方去世）之前，夫妻取得的财产属于共同财产。除非法律另有规定，或双方另有约定。

根据中国人的习惯，婚后双方通常是不会对财产进行特殊约定的，那么这就意味着，婚姻关系存续期间取得的财产，属于共同财产，且双方各占一半。

“多金男”的财产是在跟你结婚前就取得的。而且这些人中，相当一部分人的财产未必登记在自己名下。特别是那些光鲜的“二代们”，他们的父母掌握着巨大的财富和控制权。因此，表面上风光无限的“钻石王老五”，也许不一定是自己的收入在支撑。更何况，那些已经准备好的房子、车子肯定都属于婚前财产，还有可能就是在他们父母的名下，根本和小两口没关系。

律师建议

“裸婚”其实不可怕，从法律上看，婚前双方财产不多，反倒少了很多猜忌和防备。婚后取得的财富两个人共有，十分清晰。如果离婚，按照五五比例分配，也简单。社会上已经有很多著名的民营老板离婚案，跟老公一起打拼天下的原配夫人，分得巨额财产，已经不是新鲜事，这是她们应得的份额。

反倒是所谓“嫁入豪门”存在很多不确定性，为了保护自己的财产，豪门男或其家族经常采取各种方式来隔离新妇跟财产的关联，一旦婚姻有变，貌似珠光宝气的生活，其实能给女方的并不多。个中滋味只有当事人自己知道了。

法律知识点

根据我国婚姻法律的有关规定，夫妻共同财产制是原则，除非法律另有规定或双方另有约定。也就是说，共同财产制是原则，婚内个人财产制是例外。

婚姻关系生效日以双方婚姻登记日为准，也就是说，登记日之后取得的财产原则上就是夫妻共同财产了。比如，如果双方的婚房是婚姻登记日之前购买的，那么，该房产登记在谁的名下，就被认定为是谁的。如果是在登记日之后购买的，那么，不论房子登记在谁的名下，都会被认定为夫妻共同的财产。除非双方另有约定。

现实中，不论是一方自己购买，还是一方父母以自己子女的名义代为购买，只要是结婚前购买的房屋，在离婚分割的时候，均归购房方。婚后共同还贷的另一方，只能获得还款补偿和房屋增值部分的补偿，除非双方能够达成协议。但是，这种协议的达成是非常困难的，特别是在房价高企的今天。

而如果房屋是结婚后购买的，就是婚姻存续期间取得的财产，属于夫妻共同财产。即便是一方父母有资助，或者是房屋上只写了一个人的名字，它也属于夫妻双方共同的财产，除非双方特别约定房屋属于某一方。

房屋产权的归属认定是上面这样的原则，那么，夫妻关系存续期间，其他的财产取得原则也是这样的。

由此可见，婚姻登记是多么重要的手续，有没有那张纸是非常不一样的。在夫妻双方对于财产没有特殊约定的前提下，明媒正娶的、合法的妻子理所当然地拥有婚姻存续期间取得的财产的一半，这是我国法律遵循的夫妻共同财产制的规定。

二、夫妻共同财产，哪能随便送人

刘总做梦也没想到，他的生活竟然变得一团糟，“早知道今天这样的乱局，何必当初自作聪明啊。”刘总摇着头，不停地叹息。

刘总和妻子可谓患难夫妻，从小县城一路打拼到北京，经过20多年的努力，终于有了像样的公司和业绩。40多岁了，他们两个人才尝到生活富足的感觉，不用再起早贪黑，不用再聚少离多，刘太太基本上离开了公司，专心在家相夫教子。刘总招聘了几个得力的属下，学着大公司的样子，开始职业经理人管理，自己乐得落个清闲。

工作清闲了，刘总觉得生活好像少了点什么。恰巧公司里新招聘的财务助理是一个年轻活泼的女孩，叫宋洁。一个偶然的机会，宋洁帮同事送支票，认识了刘总，从此两个人就开始了超越同事关系的交往。宋洁学财务出身，对于公司的资金安排、投资盈利和成本核算等方面，都有自己的见解，她经常给刘总提出一些有益并新奇的建议，让已经人到中年的刘总觉得颇为有趣，似乎又找到了当年创业时的兴奋。

在宋洁的提议下，刘总把公司营业收入的一部分拿出来做其他投资，所得收益赠送给了宋洁。后来，刘总又把她提拔为财务主管，成为公司真正的“管家婆”。除了刘太太，公司的所有员工差不多都知道这种状况。刘总本来以为这种“家中红旗飘，外面彩旗展”的日子可以一直过下去，却没想到宋洁以“怀孕”相要挟，逼迫刘总离婚。

在还没搞定宋洁的时候，刘太太得知此事，没有片刻犹豫，她向刘总提出离婚，分割财产，包括刘总赠送给宋洁的那些公司收益。看着刘太太通过律师递交过来的《财产分割清单》，刘总心乱如麻，“要是完全按照这个清单分，我可是倾家荡产啊。”刘总担心地说。

律师点评

刘总和刘太太婚后共同创业，所获得的财产都是夫妻共同财产，包括刘总名下的公司和相应股权都有刘太太的份额。

刘总将公司收益的一部分拿出来投资理财，所得的收益也属于夫妻共同财产，刘太太也有份额。

未经刘太太同意，刘总将夫妻共同财产的一部分赠送给宋洁，侵害了刘太太的合法权益，此时，刘太太要求将这些收益一起进行分割，合法合规，刘总很难抗辩。

不过，刘总已经将投资收益都赠送给了宋洁，如果要满足刘太太的要求，他就需要动用自己分得的那份财产，这样算下来，刘总很可能人财两空。

律师建议

如果作为刘总的律师，为了帮助他挽回损失，最有力的方法就是向宋洁进行追讨。因为刘总赠送给她的财产是夫妻共同财产，里面有刘太太的份额，刘总无权处分。

如果作为刘太太的律师，为了维护刘太太的合法权益，既可以向刘总提出离婚诉讼，要求分割夫妻共同财产，同时，也可以向宋洁追讨财产，毕竟宋洁收到的部分财产的所有权是刘太太的。

如果作为宋洁的律师，其抗辩的理由可以使用“表见代理”理论，即刘总作为公司的股东和日常经营管理者，其有权将其管理下的财产和收益进行处分，这种处分行为被刘太太默认，也是他们夫妻间的惯例，其他人有权这样认为，并依此行事。

立场不同，看问题的角度肯定不同，因此，做不同当事人的律师，会找出不同的理由来主张权利。只不过，本案最后如何处理，还要看各方提供的证据和法院居中的裁判。

法律知识点

《中华人民共和国婚姻法》及相关法律规定，夫妻共同财产具体主要指：夫妻关系存续期间一方或双方的各项合法收入以及由该收入转化而成的各项财产和财产性权利。夫妻关系存续期间自结婚登记之日起至离婚登记或离婚判决生效。

刘总和刘太太共同奋斗多年，他们共同购买的房产、车子、名贵家具、首饰等，以及联手成立的公司都是夫妻共同财产。具体包括：

（一）夫妻双方各自的工资、奖金；

（二）生产、经营性的收益；

（三）知识产权的收益：是指婚姻关系存续期间，实际取得或者已经明确可以取得的财产性收益；

（四）继承或接受赠予所得的财产；

（五）军人名下的复员费、自主择业费等一次性费用的，以夫妻婚姻关系存续年限乘以年平均值的所得额；

（六）一方以个人财产投资取得的收益；

（七）男女双方实际取得或者应当取得的住房补贴、住房公积金；

（八）男女双方实际取得或者应当取得的养老保险金、破产安置补偿费。

刘总将本来属于夫妻二人的公司收益拿出去投资，又将本属于夫妻二人共有的投资收益赠送给了宋洁，其行为损害了刘太太的财产权，这毋庸置疑。

从宋洁这方面来看，这些投资收益是刘总擅自处分的，也就是说，刘总其实是无权赠送的。那么，宋洁得到这些收益也就没有法律依据，属于不当得利。

不当得利指没有合法根据，或事后丧失了合法根据而被确认为是因致他人遭受损失而获得的利益。获得不当得利的人负有返还的义务。

本案中刘太太要求按照法律规定分割夫妻共同财产，是有理有据的，很难反驳。刘总对此只能接受，但是，因为他已经将共同财产中的一部分赠送给宋洁了，所以，在实践中，估计他可能没有那么多钱给刘太太。

在刘总和刘太太针对财产分割进行较量时，因为刘总已经将部分收益赠送给宋洁了，所以他可以以此为抗辩，将战火引到宋洁身上，即要求宋洁返还不当得利。

刘总和刘太太的离婚大战，涉及双方婚姻的解除和共同财产的分割。同时，为了使共同财产分割得以实现，刘总可以返还不当得利的理由，要求宋洁返还那些投资收益。

类似案件在实践中并不少见，这对于想靠着“傍大款”来获得财富的年轻女子来说，是一个不好的消息。但是，不劳而获，得不到法律支持和任何人的同情。

三、婚前买房，婚后共同还贷，离婚时该怎么分这个房子？

小袁和青青是高中同学，经过了十年的爱情长跑，终于踏入婚姻的殿堂。两个人都是独生子女，各自的家庭条件都不错。但是，现在的婚嫁礼俗是男方一定要有婚房，否则，就好像低人一等。小袁的父母自然是不忍心看到儿子在女方家长面前气短的，于是，老两口拿出多年的积蓄，缴纳了一套房子的首付，其余款项以小袁名义向银行申请贷款，还款期为30年。一切办妥之后，小袁父母向青青家提亲，然后就是订婚、登记、办喜酒等一系列程序。小夫妻入住婚房，生活拉开了新篇章，双方父母也都松了一口气，以为含饴弄孙、安享晚年的日子就要来了。

婚后三年，青青怀孕了，继而辞职。生下女儿后，她干脆搬回娘家居住，让自己的父母帮忙照看孩子。刚开始时，小袁和她一起带着孩子住在岳父母家。两位老人对他们一家三口照顾得尽心尽力，生活和美幸福。可是，随着女儿的长大，矛盾逐渐显现出来。比如，小袁觉得他作为父亲，应该有权利按照自己的方式教育孩子，不应该让岳父母把孩子宠溺得非常任性。另外，孩子也需要更大的生活和活动空间。而现在一家五口住在岳父母的两居室里，有诸多不便。当小袁跟青青商量搬回自己家居住时，却遭到青青的反对。讨论和争吵多次之后，小袁发现青青不愿意搬走的真正原因，居然是她不想承担照顾家庭和孩子的责任，害怕独自面对作为妻子和母亲的那些义务。

为了打消青青的顾虑，小袁多次让自己的父母主动表态，承诺会随时帮助青青照料家务和孩子。小袁的母亲甚至辞掉了退休后一直坚持的返聘工作，大有随时待命的架势。可是，青青除了在去年春节期间，到自己家的三居室里短暂居住了不足一周之外，其他时间都执意和自己的父母住在一起，还对小袁说，如果他不能和自己保持一致，那么，他可以自己回去住，不用和他们挤在一起。年轻气盛的小袁一怒之下，就真的回到自己家住了。虽然每天作息不规律，吃饭也经常叫外卖，但是，几个月下来，他竟然觉得很自在。小袁的父母劝他回去，而青青的父母却在纵容女儿，甚至在外孙女面前将小袁形容成“不懂事，不知感恩”的糊涂虫。

律师点评

小袁最大的苦恼是：“我明明已经结婚了，却没有自己的家庭和生活。我明明已经做父亲了，却不能亲自养育和教育我的女儿。我明明已经35岁了，却不能过我想要的日子。我到底哪里做错了？”

对于小袁的苦恼，青青视而不见。小袁想离婚，而青青对此也不反对。他们两个人好像两支已经快燃尽的蜡烛，再也不能给对方带来热情和希望。这是最让人惋惜的地方。

如今小袁若离婚，对他影响最大的就是这套婚房到底如何分割的问题。同时，青青也很关注这套房子，她一直认为这套房子是公婆送给他们夫妻的，她对此有一半的产权。但是，是否如青青所想，还要看事情的具体情况，并非婚房一定就是双方各自占一半的。

律师建议

本案的关键点就在于这套婚房是在小袁和青青婚姻登记之前购买的，而且写的是小袁一个人的名字。因此，这套房子的产权应该归属小袁，青青对房屋不享有产权。

但是，因为房屋是在婚后共同还贷的，所以，如果青青参与了偿还贷款，那么，她有权主张还贷部分的债权，而非产权。

法律知识点

《婚姻法司法解释三》的第二十二条规定，在婚前，由一方父母出资，为双方购买房屋出资的，并将房屋的产权落在自己子女的名下时，被认为是对自己子女的个人赠与，除非父母明确表示赠与双方。

因此，在这种情况下，有几个关键点要注意，直接影响着各方法律上的权益，即其一，婚前购买；其二，出资方父母将房屋产权落在自己子女名下，视为对自己子女的赠与；其三，未出资一方要想获得房屋产权，必须有出资方父母的明确表示，或者房屋产权落在自己名下。

上述法律规定中并未区分婚前全款购买，还是贷款购买的情况，但是根据法律价值判断，当婚前一方父母出资购买房屋，缴纳首付款，并将产权落在出资方子女名下，并由夫妻婚后共同还贷时，也参照上述《婚姻法司法解释》第二十二条处理，即离婚时，房屋产权归出资方子女，未偿还的贷款为获得产权方的个人债务。共同还贷部分，由获得产权的一方按比例补偿另一方。

还有的家庭是男女双方家长均出资帮助小夫妻在婚前购房，而产权只落在其中一方名下时，则被视为男女双方按照各自父母的出资比例，分别享有相应份额的房屋产权，除非另有约定（见《婚姻法司法解释三》第七条）。

跟上述第二点内容类似，法律规定中，并未区分全款购房还是贷款买房，根据价值判断，如果双方父母为小夫妻购房出资，支付首付款，而产权仅落在其中一方名下，那么，房屋首付款部分，双方有权按照双方出资比例享有相应份额，婚后共同还贷部分，由获得产权的一方，按比例补偿另一方。

有些时候，房屋由一方婚前购买，支付首付款，产权登记在付款方。而双方在婚后共同还贷，那么，离婚时，双方可以协商确定房屋产权的归属。如果协商不成，起诉到法院的话，那么，通常法院会判决房屋产权归首付款支付方，尚未还清的贷款，归首付款支付方的个人债务。同时，获得房屋产权的一方应当将婚后共同还贷的款项和相对应的房屋增值部分，按照法律规定的原则，补偿给另一方。

本案中，基本情况符合上述第一条中的内容，但是，婚后共同还贷部分存在争议。因为若将共同还贷部分按两人各一半来计算，青青几乎占到了全部产权的40%，但是小袁说，青青婚后工作时间不长，怀孕后即辞职在家，没有收入，对于贷款偿还部分没有贡献，他们的房屋贷款是由小袁和小袁父母一起偿还的。这样算下来，青青的权利所对应的房屋产权则为全部产权的15%。

小袁提供了大量的还贷记录，证明每个月的还款都是他和自己的父母完成的，而且青青的网购记录也显示，家庭的日常开支是小袁负担的，青青只是负责花钱。两个人离婚，在财产分割方面对青青很不利。但是，在父母的包容和照护下，青青还是没有对挽回婚姻做任何努力，反而是很爽快地同意了。最后的结果是，小袁如愿获得了房屋产权，给了青青房屋评估价格 15% 的补偿。青青则得到孩子的抚养权，和小袁每月给付的 3000 元抚养费。

四、婚后父母资助买房，离婚时可以作为夫妻共同财产分割吗？

孙伟和大学同学崔丽梅是安徽同乡，他们研究生毕业后在北京找到工作，租房安顿下来。眼看年近30，双方父母催婚急迫，于是，两人利用春节探亲的机会，在老家领取了结婚证，于是买房问题被提上日程。

崔丽梅的母亲在当地县城经营一家小工厂，手里有些积蓄，不想让女儿居无定所，愿意帮衬小两口出首付。而孙伟的父母虽是农民，但是，因为孙伟是家中独子，所以他们老两口就从已经出嫁的两个女儿那里筹措了一些钱，也拿来填补首付款。就这样，本来对买房没什么想法的小夫妻，不得不赶紧加入看房、买房的大军。

因为孙伟所在的公司是一家高科技企业，工资水平比较高，所以他们看中的房子就用孙伟的名义购买了，并用他的名字向银行贷款。尽管房子位于西五环外，但是，距离孙伟和崔丽梅的单位都不是太远，而且交通方便，生活设施齐备。入住新房的两人，努力工作，一起承担生活开支和贷款，感觉到安居乐业的幸福。

可是，婚后的甜蜜和激情渐渐消退之后，伴随孙伟在公司的职位越来越高，他们的生活发生了变化。孙伟投入工作当中的时间越来越多，经常夜不归宿，夫妻二人有时一周都说不上几句话。而崔丽梅在备孕期间得知自己身体有先天缺陷，怀孕的概率非常低，这使得她的心情郁闷，变得易怒暴躁。婚后第五年，孙伟提出离婚，巨大的工作压力和崔丽梅的坏脾气，让他不堪重负，一心想尽快逃离。几乎没有任何犹豫，崔丽梅就同意了孙伟的要求，但是双方就婚后的财产，特别是这套倾全家之力购买的房子如何分配，产生了分歧。

律师点评

我国普遍实行夫妻共同财产制，《婚姻法》第十七条规定，夫妻在婚姻关系存续期间取得的下列财产，归夫妻共同所有：

（一）工资、奖金；

（二）生产、经营的收益；

（三）知识产权的收益；

（四）继承或赠与所得的财产，但本法第十八条第三项规定的除外；

（五）其他应当归共同所有的财产。

而本法第十八条第三项规定：遗嘱或赠与合同中确定只归夫或妻一方的财产。

孙伟和崔丽梅的房子是两个人婚后购买的，原则上应该视为夫妻共同财产。但是，因为他们的首付款是得到双方父母的资助的，且产权落在孙伟一个人名下，所以，根据《婚姻法司法解释》的有关规定，并基于我国特殊的国情，这套房子是否能够按照通常理解的五五比例平分，还是不确定的，需要进一步分析。

律师建议

在没有特殊约定的情况下，婚后取得的财产通常被认定为夫妻共同财产。本案中，房屋是在孙伟和崔丽梅婚后购买的，而且双方家长均出资资助，因此，认定该房屋为夫妻共同财产的概率比较大。

虽然房屋产权落在孙伟一人名下，但是从当时的情况看，双方家长均有出资，且是为了申请贷款方便，崔丽梅也一直在参与偿还贷款。因此，这些都给房屋属于夫妻共同财产的说法增加了砝码。

但是，孙伟和崔丽梅是否可以按照共同共有的概念来平分房屋呢，则需要更加细致的证据才能认定。法律上针对此种情况，并没有可以直接拿来使用的规定。

法律知识点

婚后买房，是由双方父母出资，产权登记在一方或双方子女的名下，那么，通常被认为是子女按照父母的出资比例享有产权，并承担义务。这就是法律上常说的“按份共有”。比如，男方家长出资60%，女方家长出资40%，那么，房屋产权就应该按男方持有60%，女方持有40%来分割。

但是，上述规定中没有区分全款购房和贷款购房的情况。按出资比例分享产权的规定，在全款购房时没有争议，大家都普遍能接受。但是，如果是像孙伟和崔丽梅他们这样，双方父母出资部分仅仅限于首付款，那么，产权是否还可以按份共有，就不那么明确了。

从立法本意和我国国情来分析，如果父母没有明确表示是给男女双方的，那么，在出现争议时，还是本着按份共有的原则来认定产权的。即男方和女方家长的出资在首付款中所占比例，即男方和女方持有房屋产权的比例。婚后共同还贷部分因为用夫妻婚后共同财产进行的，所以男女各自贡献50%，也就各自有权持有50%产权。

关于婚后买房，还有其他情况，我们一并来分析一下：

婚后买房，一方父母出资，并将房屋产权登记在自己子女的名下。如果是全款买房，那么，当小夫妻离婚时，这套房产并不是夫妻的共同财产，而仅仅是出资方父母对自己子女的个人赠与，该房屋不能作为夫妻共同财产分割（见《婚姻法司法解释三》第七条）。当然，如果父母子女之间有明确约定的，那么优先适用该约定。

法律上如此规定，概因考虑到我国特殊的国情和传统。中国人疼爱孩子那是全世界出名的，而且这种疼爱基本上是无原则地全部奉献。因此，当一方父母为子女婚后买房，倾其所有，且将产权登记在自己子女的名下时，法律的价值判断上将其作为对自己子女的赠与，更符合社会常理和出资人的真实意愿，有利于保护父母的合法权益。

婚后买房，虽然是一方父母出资，但是产权登记在夫妻两个人的名下，那么，该房产可以认定为是父母对于夫妻双方的赠与，属于夫妻共同财产。在离婚时，可以将房产作为共同财产进行分割。

现实生活中有关房子的话题说不完，法律只能将各种现象抽象出来，制定具有普遍意义的规则，用以调整这些错综复杂的状况。当然，如果父母明确表示是对双方的赠与，那么，该房产就是夫妻共同财产，离婚时，可以作为共同财产分割。

另外，在这里，有必要解释一下“按份共有”和“共同共有”。顾名思义，按份共有，就是按照双方各自的出资比例享受房产的相应份额。而共同共有则是你中有我、我中有你的概念，没有明确份额。只是到财产分割时，如果没有特殊约定，就按照50%对50%的比例分割了。

基于以上内容，我们也可以看到，即便是婚后父母出资买房，也不一定就是夫妻共同财产，还是要根据具体情况来具体分析判断。尽管可能有人觉得不公平，但是对于含辛茹苦攒钱帮孩子买房的父母来说，这样的规定极大地保护了他们的利益，防范了道德风险。

五、一方的婚前房产，其产生的房租和增值部分，在离婚时能分割吗？

学表演的欣彤亭亭玉立，在大二的时候就和“富二代”马飚确立了恋爱关系。大学一毕业，欣彤就嫁做人妇，妥妥地过起了“少奶奶”的生活。看着自己的同学，每天都在为没有戏拍发愁，欣彤俨然人生赢家，过得优哉游哉。

婚后五年，接连生了两个女儿以后，欣彤发现马飚和他的家人对她的态度有了变化。虽然马飚疼爱女儿，但是，却经常在她面前艳羡朋友的儿子，还提议让她到国外生第三胎。欣彤看着自己腹部的两道剖腹产疤痕，心有余悸。再看看，原来的同学，虽然有人已经转行，不拍戏，也有人仍然在十八线，但是，五年的时间，让他们都有所进步，精神和心理方面都成熟了许多。

欣彤觉得自己五年的时间除了生了两个孩子，其他一无所获。而这两个孩子还由保姆照顾，婆婆干预很多，她这个妈妈反倒成了可有可无的人。最近马飚频繁提出生第三胎的事情，还让她去看中医，吃中药，调理身体酸碱度，增加生男孩的概率。欣彤不胜其烦，和马飚吵架，“你把我当成什么了？生孩子的工具吗？如果老三还是女孩，怎么办啊？要一直生下去吗？我不想过这样的生活！”而马飚一反常态，反唇相讥，“你要的生活是我给的，你要是不想生，有人愿意给我生。”

看着摔门而出的马飚的背影，欣彤感到心里一阵阵发凉，“原来自己的价值就是生孩子，而且还是生儿子，否则就什么都不是。”欣彤终于想明白了，“既然有人愿意生孩子，那就让这些人来为他生吧。我可不想当一头只会生崽的母猪。”

可是，要分开，谈何容易，共同生活的五年，孩子和财产早已经把两个人紧紧联系起来。马飚曾经逢人便说，欣彤是旺夫命，自从结婚以来，马飚的生意一飞冲天，婚前购买的房子也都升值了，让马飚身价倍增，连他妈妈都对他刮目相看。正是因为这些情况，才使得他们的离婚变得越发艰难，越发纠缠不清。

律师点评

马飚在和欣彤结婚之前，就拥有房屋、车子和公司，这些都是他的婚前个人财产，在离婚时，这些都不能作为夫妻共同财产进行分割。除非他们有特殊约定，或者马飚主动放弃这些个人财产，愿意和欣彤进行分割。

马飚婚后取得的财产增值、经营收益等其他收入，则要看具体情况来分析，才能确定是否为婚后共同财产，欣彤是否能够参与分割。

两个孩子的抚养权的归属也是一个难题，大女儿已经4岁，对此父或母一方都拥有平等的抚养权，母亲并没有法定的优势。而老二只有一岁半，欣彤在抚养权方面有天然的优势，大概率会得到。但是，她没有工作，没有收入，如果马飚坚决不同意把孩子抚养权给欣彤，一旦对簿公堂，欣彤则处于劣势，难以和马飚一争高下。

律师建议

如果欣彤要离婚，她最大的胜券就是婚后马飚财产增加部分的分割，这部分财产是夫妻共同财产，欣彤享有其中的一半。只不过这需要欣彤自己提供证据，来主张这部分权利。

虽然在争取孩子的抚养权方面，欣彤并不占优势，但是，法律照顾妇女儿童权益的规则还是会给欣彤更多支持和希望的。只要她在法庭上能够证明自己的工作能力，那么，她获得老二的抚养权的概率还是非常大的。另外，因为马飚收入颇丰，所以要求其给付更多抚养费，也是解决孩子抚养权的一个方法。

法律知识点

《婚姻法》第十八条规定，有下列情形之一的，为夫妻一方的财产：

（一）一方的婚前财产；

（二）一方因身体受到伤害获得的医疗费、残疾人生活补助费等费用；

（三）遗嘱或赠与合同中确定只归夫或妻一方的财产；

（四）一方专用的生活用品；

（五）其他应当归一方的财产。

从上述内容，我们可以确定的是，马飚和欣彤结婚前购买的房屋、车子和公司均为其婚前个人财产。在他们离婚时，不能作为共同财产进行分割，除非另有约定。

对于婚前个人财产在婚后的增值部分，该如何认定其归属呢？是否可以作为共同财产进行分割呢？

房屋为一方婚前所购买，是一方的婚前个人财产，即意味着这一方是房屋所有权人，而对房屋的所有权是一种排他的、完全的权利，除非是法律或合同约定进行限制之外，这个权利是不受任何人的意志左右，就是属于所有权人的。因此，既然房屋属于一方，那么，因为房屋所产生的所有孳息和利润均属于这一方，和他人无关。这些孳息和利润都是基于房屋所有权产生的，没有房屋所有权也就没有这些孳息和利润。比如，一方拥有房屋，并把房屋出租，那么房租收入就是这一方的法定孳息收入，应该属于房屋所有权人。或者，一方将自己拥有的房屋作为出资，参与公司运营，那么，因为房屋投资入股所产生的经营利润，也应该是这一方的收入，不是夫妻共有的。虽然这些收入的确是夫妻关系存续期间取得的。而房屋价值的自然增值，是一个市场现象，夫妻双方谁也主宰不了，只是被动地接受。因此，这样的自然增值部分是房屋所有权人应得的相应利益。

如果另一方能证明自己对于一方财产的增值、保值、投资和保管等方面，的确做出贡献，达到了财产增加的目的，那么，对于这部分价值增加，应该是夫妻共同拥有的，另一方有权提出分割。

《婚姻法》第十七条中所述“其他应当归一方的财产”就包括“一方以个人财产投资所得的收益”（详见《婚姻法司法解释二》第十一条的规定）。即一方婚前个人财产因投资、经营等所取得的收益，也归属拥有财产一方，这部分收益也不是夫妻共同财产，离婚时也不能作为共同财产进行分割。

前文中解释过何为夫妻共同财产，如果一个家庭中的财产均来自一方婚前个人财产的增值、孳息、收益，那么，对于另一方来说是很危险的事情，因为这些财产均不被视为夫妻共同财产，一旦婚姻破裂，另一方的财产权益无法保障。

因此，婚姻就是势均力敌的关系，如果一方的生活完全依赖另一方，那么，就是把自己置于不稳固的位置上，甚至让自己的生活失控。此事看似不公平，但是，也很难说谁对谁错。毕竟刚开始的时候，是你情我愿啊。

这些法律规定跟很多人原来的“只要是夫妻关系存续期间，取得的收入均为夫妻共同财产”的理解大相径庭，需要大家颠覆以往的知识，重新认识夫妻共同财产。

六、夫妻共同债务的认定，实在不简单

金女士已经离婚半年多了，刚刚从婚姻破裂的痛苦中走出来，却忽然在某一天，收到法院的传票，原告起诉她偿还欠款，本息共计 800 多万元。金女士看着这份传票，一头雾水，她根本不知道这笔钱是怎么回事。

“我不认识这个人，也没向他借过钱，法院肯定搞错了。”金女士跟律师说，“这件事跟我没关系，我还需要到法院去吗?”

“即便你觉得此事和你无关，你也要参与开庭，否则法官无法听到你的辩解，案件审理结果可能对你不利。”律师向金女士提出自己的意见，“你回避此事是不行的，一定要向法官说明，这样你才有机会彻底搞清楚问题出在哪里。”

“好吧，那我就委托你作为代理人，咱们一起出庭吧。”金女士无可奈何地回答。

直到开庭审理时，听到原告陈述的情况之后，金女士和律师才明白到底发生了什么。原来，金女士的前夫韩先生曾经和金女士联手创造了商业奇迹，他们共同的公司在离婚前已经是业内的领军，总价值超过 1 亿元人民币。但是，三年前，韩先生为了筹措流动资金，盘活下面的销售渠道，以个人名义向原告借款人民 600 万元，约定年利率 15%。现在这笔借款早已经到期了，可

是，原告一方却无论如何联系不上韩先生，据说离婚后，他就消失了，公司交给他的妹妹打理，目前情况很糟糕。

“我们也是没办法，”原告对金女士很是客气，“因为借款时你们还是夫妻，所以我们认为这笔钱是夫妻共同债务。如果你们没离婚，现在你不是还要还钱吗？金总，不能因为你们两口子离婚，就让我们受损失吧？”

“可是，我前夫借钱的时候，我一点都不知道啊，怎么这账就算在我头上了？”金女士还是觉得很冤枉，不应该还钱。

“当时借钱时，情况很紧急，要是以公司来借，需要评估，出报告，很麻烦。后来，韩老板就说用他的个人名义借钱，还说你们两口子是行业内出名的劳动模范，个人资产非常可观。我们当时也是看中你们夫妻的业务能力，才放心把钱借给韩老板的。”

尽管原告讲述了事情的来龙去脉，但是，金女士还是难以接受，当庭表示不应该还款，且自己无力还款，要求法院寻找前夫来偿还。法官暂时休庭，没有给出任何结论。

律师点评

此案是典型的夫妻共同债务纠纷，近些年此类纠纷呈现增多的趋势，有些人利用夫妻共同债务的规定，逃避个人责任，嫁祸配偶一方，引发争议。

但是，针对《婚姻法》第四十一条和《婚姻法司法解释二》第二十四条有关夫妻共同债务的认识和解释，还是存在偏差，在保护债权人和无辜配偶一方的权利下，法律必须做出选择，以维护社会的和谐和法律的权威。

律师建议

夫妻共同债务是指双方或一方为共同生活需要所负的债务，包括，为履行抚养义务所负的债务，夫妻一方或双方为治疗疾病所负的债务，夫妻购置家庭用品、修缮房屋和为支付生活开支所负的债务，等等。

金女士和前夫之间有关共同债务的争议，也需要本着上述原则来解决。如果金女士能够举证说明前夫举债并非是出于夫妻共同生活的需要，且自己并不知情，那么，金女士还是有机会摆脱还债的责任的。要达到这个目的，金女士必须依靠专业人士，为自己寻找充分的证据资料，仅仅口头抗辩是难以说服法官和原告的。

法律知识点

《婚姻法》第四十一条里面对于夫妻共同债务的规定是这样的："离婚时，原为夫妻共同生活所负担债务，应当共同偿还。共同财产不足清偿的，或财产归各自所有的，由双方协议清偿；协议不成时，由人民法院判决。"

从上面的规定我们可以看出，对于夫妻共同债务的认定，还是以夫妻关系存续期间为共同生活所负的债务为原则，这是婚姻法的一个基础。这样规定理论基础在于，夫妻关系是特殊身份关系，对于作为债权人的第三人来说，夫妻之间的财产分配约定和债务负担约定都很难了解到，在这个问题上，第三人处于明显劣势。

如果要求债权人举证说明债务归属，那么，对于债权人来说，非常不公平，也不符合人之常情。债权人基于对夫妻这种特殊身份关系的信任，和夫妻一方达成债权债务关系，无可厚非，也是经济活动中常见的现象。因此，将夫妻关系存在期间所负的债务认定为夫妻共同债务符合稳定经济交易安全、维护市场秩序和防范道德风险的大利益。相对于夫妻间的债务分担的不合理或者不公平，这个大利益更重要。

《婚姻法司法解释二》第二十四条规定，债权人就婚姻关系存续期间夫妻一方以个人名义所负债务主张权利的，应当按夫妻共同债务处理。但是，夫妻一方能够证明债权人和债务人明确约定为个人债务，或能够证明属于《婚姻法》第十九条第三款规定情形的除外（《婚姻法》第十九条第三款规定：夫妻对婚姻关系存续期间所得的财产约定归各自所有的，夫或妻一方对外所负的债务，第三人知道该约定的，以夫或妻一方所有的财产清偿）。

由于出现夫或妻一方以此为由逃避债务，嫁祸配偶一方，所以，有人提出对二十四条进行修订。但是正如前述第 4 点中所讲，在权衡夫或妻利益，和维护社会公共利益方面，还是要“两害相权取其轻”。平衡夫妻间债务负担的方法可以通过调整双方的举证责任或其他债务认定方式来实现，并非必须通过修改婚姻法中的基本原则来进行。即对二十四条进行调整和修订，严格约束法院在处理夫妻共同债务案件中的具体措施，都可以达到避免夫妻共同债务问题伤及无辜的情况。而现在最高院对二十四条进行修改就是本着这个思路进行的。

在二十四条修订之前，该二十四条和《最高人民法院关于人民法院审理离婚案件财产处理分割问题的若干问题具体意见》第十七条中，均对夫妻共同债务的认定进行了额外规定，将非夫妻共同生活支出排除在共同债务之外了，只是大家没有关注，且具体经办此类案件的一些法院或个别法官对于这些规定的理解不够深刻，才导致实践中出现有人钻空子，伤及无辜的情况。因此，不管二十四条的修订如何规定，婚姻法中关于夫妻共同债务认定的原则不变，除外情况的规定早已有之，现在所做的修订不过是细化操作层面的严格标准和程序要求，避免不知情配偶丧失抗辩权，损害其合法权益。

七、房产证加名就能拿到产权？未必

在北京独自打拼多年的雪莲在25岁时迎来了人生的转机，她认识了来自河南的男孩大山，大山比她大6岁，虽然不是北京本地人，但是却因为比雪莲早到北京工作，略有积蓄。已过而立之年的大山很想在北京成家，看到雪莲年轻活泼，聪明能干，就提出结婚的要求。雪莲也觉得一个人的奋斗生活太过辛苦，她很想能有一个人来帮帮她，于是两个人就开始谈婚论嫁。大山的父母在河南老家承包经营一个大果园，是当地的“水果大王”。得知儿子想在北京安家的想法后，大山的父母决定帮助儿子在北京买房，这样老两口到北京来，也有个落脚的地方。好在，前些年，北京的房价还可以接受，于是，大山父母拿出自己的积蓄并向当地合作社贷了一些钱，一次性支付了房款，让大山在南四环内有了自己的家。

房子的事情办妥了，雪莲和她的娘家才放心了，于是，雪莲和大山办理了结婚登记手续。从开始置办新家的装修、家具、婚礼等事宜的时候，雪莲就提出想在房子的产权证上添加自己的名字，“咱们两个人都是夫妻了，自然房子应该是两个人的啊。”雪莲每每娇滴滴说出这句话的时候，都让大山心里觉得挺对不住她，“你看，我都是你的人了，你还有什么不放心的啊，加个名字，就是表示一下你爱我呗。”雪莲的话让大山彻底没意见了。

举行婚礼之后不久，没有告诉父母，大山就在办理房屋产权登记时，把雪莲的名字加在了房产证上。雪莲拿着有她名字的房产证如获至宝，将这个红色的小本本收在家里一个带锁的抽屉里。

可是，婚后四年，在大山多次的恳求下，雪莲也不愿怀孕生孩子，她的理由是自己还年轻，不想被孩子捆住手脚，还想多潇洒几年。“可是，我都35岁了，以后等我老了，孩子还没长大呢，多愁人。”大山真的是很着急。可是，雪莲却一直按兵不动。双方之间的最后冲突爆发在一个夜晚，大山发现雪莲背着他偷偷吃避孕药。于是，忍无可忍的大山觉得自己受到欺骗，提出离婚。

雪莲平静地接受了大山的提议，并要求平分两个人的财产，包括房产。大山无可奈何地同意了，可是，就在即将签署离婚协议书的时候，大山的父母知道此事，坚决不同意平分财产，“那个房子是我们给你买的，没她的份。就做了我们家四年的媳妇，连个娃都没生，就想拿走几百万，没门儿！”大山的妈妈怒不可遏，亲手撕毁了大山起草的离婚协议书。

律师点评

房产是大山婚前购买的，但是，房产证是婚后才办妥的，上面是雪莲和大山两个人的名字，因此，雪莲就和大山共同拥有房产。

可是，这几年间，房子的价格已经上涨了将近四倍，不论雪莲，还是大山，一辈子都挣不出这么多钱来。女方要求平分房子，意味着，她凭借四年的婚姻，获得了几百万元的收益，男方父母坚决不同意，也是情理之中的。只是，房产证上的名字是白纸黑字写着的，如何推翻呢？需要从法律、社会伦理和公平原则几个方面来综合分析。

律师建议

这是一个真实的案例，经过一审和二审的审理，法院都一致提出一个共同的观点，即房屋产权落在两人名下，并不能证明老人出资购房，就是赠与。

从本案事实来看，大山父母向合作社贷款，购买房屋，作为婚房，其实是有前提条件的，即希望他们能够婚姻幸福，携手相伴人生。在这样的前提下，他们可以不向儿子儿媳提出任何要求。但是，现在，儿子的婚姻破裂，他们独自承担贷款债务的条件已经不存在，因此，他们提出由儿子儿媳共同承担债务，从法理和情理上都是有依据的。

基于以上分析，站在大山父母的角度进行查证和辩论，最终获得了法院支持。判决书认定老人转给儿子的购房款为夫妻共同债务，由夫妻二人共同偿还。根据有关夫妻共同债务的规定，婚姻存续期间一方举债，为了夫妻共同生活之用时，属于夫妻共同债务。

法律知识点

《婚姻法司法解释二》第二十二条规定，“当事人结婚后，父母为双方购置房屋出资的，该出资应当认定为对夫妻双方的赠与，但父母明确表示赠与一方的除外”。

原则上，大山父母出资为儿子结婚买房是在其婚前，但是，房产证是双方婚后办妥的，而且上面是两个人的名字，那么，可以视为该房屋是两个人婚后购买的。大山父母的出资可以是对双方的赠与。

不过，正如大山妈妈所说，他们的出资是为儿子买房，虽然没有书面的文件，但是，事实如此。如何利用上述第二十二条中“但父母明确表示赠与一方的除外”，来为大山父母争取权利呢？可以采取以下几点思路：

由于大山父母无法提供当时明确表示赠与儿子的证明，所以，他们可以和儿子补签借款协议，收集了当初的银行转账记录和购房时的各种资料，说明购房的钱是两位老人借给小夫妻的，属于他们的共同债务，要求他们偿还。

房屋是雪莲和大山的婚姻存续期购买的，产权有夫妻二人共享，但是，同时，根据婚姻法规定，婚姻关系存续期间的债务也需要由夫妻二人来共同承担。因此，利用这些条款可以让雪莲获得收益的同时，还要承担义务，从而为大山父母挽回一些损失。

虽然雪莲坚持自己的观点，觉得房产证上有自己的名字，自己就应该分得一半产权，但是，上述二十二条的规定，仅仅解决了婚后老人资助买房，是赠与一个人，还是赠与两个人的问题，而没有说明父母向其转账用于购房，就一定是赠与。更何况，本案中，老人和儿子之间还有借款协议和齐全的银行转账记录，用以证明款项的确是支付给了婚后的儿子，且儿子将其用来购房，儿媳也明知且无异议。

司法实践中，类似判决带有风向标性质，给那些想利用婚姻得到房产的人一个警示。对于那些以结婚为要挟，以为房产加名就能获得一半产权的人来说，通过几年婚姻就拿走人家父母一生积蓄的算盘，可能要失败了。毕竟，这样的情形不符合公平正义，也会导致社会上的道德败坏。

八、“女强人”老婆独自打拼购买的房产，“家庭煮夫”有份吗？

张女士是东北人，性格开朗，做起事来风风火火。2009 年，她在老家生下女儿之后，就辞职在家，相夫教子。一年之后，即 2010 年，张女士经人介绍，得到前往北京发展的机会。虽然丈夫不同意，但是，和婆婆多年不和的张女士还是想换换环境，于是，就义无反顾地离开赵先生和孩子，只身来到北京打拼。经过 3 年多的努力，张女士成了单位的部门主管，并在母亲的资助下，支付了首付款，购买了一套房屋。2017 年，张女士回到老家，以和丈夫分居超过两年，且双方感情不和为由，提出离婚。

对此，赵先生没有异议，但是，他以自己比妻子更多地照顾家庭和孩子为由，要求多分一些婚后财产。双方就财产分配问题无法达成一致，而对簿公堂。在开庭前，赵先生曾经咨询过律师，他认为即便自己不能多得到财产，最起码在北京的房产是在他们婚姻关系存续期间购买的，应当是夫妻共同财产，他有权分得一半。而张女士则坚决不同意这样分，要知道，经过不到 5 年的时间，当初购买的房屋价格已经翻了一番，她觉得这些都跟赵先生没关系。

律师点评

《婚姻法司法解释二》第二十二条规定，“当事人结婚后，父母为双方购置房屋出资的，该出资应当认定为对夫妻双方的赠与，但父母明确表示赠与一方的除外”。

而《婚姻法司法解释三》第七条又有了颠覆性的规定：婚后由一方父母出资为子女购买的不动产，产权登记在出资人子女名下的，可按照婚姻法第十八条第（三）项的规定，视为只对自己子女一方的赠与，该不动产应认定为夫妻一方的个人财产。

基于此，房产首先被认定为夫妻一方的财产。但是，这仅仅限于父母全资购买的情形下，而如果父母只是部分出资，或者只是帮助支付了首付，其余房款还需要夫妻共同偿还的话，则不能认定为一方财产。

张女士的母亲只是协助支付了首付款，余款还是张女士来偿还的。而她用于还款的收入是夫妻关系存续期间的共同财产的一部分，因此，赵先生参与房产还款是无可争议的事实。

至于赵先生要求多分得财产要求，则需要他来提供证据，证明其为家庭的付出多于张女士，或者他有需要给予特殊照顾的情形。否则，将很难得到法律支持。

律师建议

张女士不想前夫分得房产是可以理解的，毕竟从购买房屋的举动上看，张女士似乎是靠一己之力实现的。但是，从公平角度看，她之所以能够在北京大展拳脚干出一番事业，还在于前夫的支持，帮她解决了后顾之忧。这份情谊和事实不能否认。因此，张女士想独占房屋是不可能的，比较现实的解决方法是承认前夫的贡献，在金钱上给予补偿，以使自己能够获得房屋产权。

赵先生对于家庭的付出的确比张女士要多，况且女儿还未成年，他要求在夫妻共同财产分割时能够获得更多份额，是可以理解的。但是，实践中，他这样的要求很难实现，因为夫妻共同财产分割是有原则的，即没有约定时，通常都是平分，除非赵先生自己本人有特殊需要照顾的地方。因此，如果赵先生想多分得财产是不现实的，但是，他可以要求经济条件较好的张女士为女儿提供更多抚养费用，或承担一部分教育开支，这样也等于是减轻了自己的负担，变相得到了经济收益。不过，张女士这些付出是务必要花在孩子身上的，赵先生如果不是为了孩子的权益而擅自处分，则张女士有权提出异议。

法律知识点

《婚姻法司法解释三》第七条的规定体现了立法者保护房屋购买者利益的良苦用心，实际上体现了在高房价对婚姻伦理的冲击下，立法为了保护真正的和谐的婚姻家庭关系，所给予的支持。

另外，尽管几年来，每月银行贷款都是张女士用工资来支付的。但是，工资收入按照《婚姻法》的规定，应当视为夫妻共同财产。更何况，张女士在北京工作期间，家庭责任和女儿抚养义务均是赵先生来承担的，在他们夫妻对于共同财产没有特殊约定的前提下，我们有理由相信，张女士每月的银行还款中，有赵先生的贡献，虽然他的贡献不是用金钱形式表示出来的。

因此，虽然该房产属于张女士，但是，赵先生有权获得和贷款偿还额相应的款项补偿和房产相应份额的增值价值补偿。这也是他支持张女士独自打拼而应得的回报，体现了夫妻间的相互扶助义务所对应的权利。

二人婚后的银行存款、理财和股票市值，共计人民币 18 万多元，如果赵先生能提出证据证明其需要给予更多照顾，则他可以获得较多份额，毕竟这些年他为照顾女儿付出很多，且日后女儿的抚养权也是赵先生拥有，这一点上，赵先生可以为自己据理力争。

鉴于此，我们认为，虽然我们的社会鼓励女性走入职场实现自我价值，但是，也要看到家人为了帮助女性的职业发展所付出的牺牲，不能只看到女性的成长，而无视男性在背后所给予的体谅和支持。在法律的刚性和人情的弹性之间寻找平衡，是一种智慧。

九、前妻要分交通事故赔偿金，可以吗？

刘志洋和李秀儿结婚不到5年，他们的儿子只有3岁。为了让生活变得更好，刘志洋来到北京郊区的一家工厂打工，负责装卸货物，每个月3000多元工资，还包吃包住，刘志洋很满足。

打工生活延续了3年多，刘志洋的儿子马上就要上小学了，时值夏收季节，他单位放了“抢收假”，让他回乡去帮家里收庄稼。于是，出发前，他进城去买东西，特别是想给儿子买一个好看的书包，等孩子入学时能背着它上学。可是，返回单位的路上，一辆大货车司机因为疲劳驾驶，车子失控，一阵风似的冲出了路基，把在自行车道上正常骑车行驶的志洋撞倒，当场昏迷。

经过三天三夜的抢救，刘志洋保住了性命，但是两腿截肢，永远无法站立。从老家赶过来的李秀儿哭得像个泪人，完全没了主意。单位里的领导和老乡帮助她料理后面的赔偿事宜，交通队认定责任是大货车全责，要承担刘志洋的全部医疗费、误工费、营养费、生活补助费等。可是，大货车司机自己没钱，根本赔不起，而他所在的公司也一直不出面，躲着不认账。

单位领导聘请的律师免费为刘志洋提供法律服务，经过交通队警察的协助，最后达成和解：刘志洋不追究司机的刑事责任，司机和其所在公司连带承担责任，一次性共同赔偿刘志洋人民币

45 万元，包括医疗费、误工费、营养费、残疾人生活补助费等。拿着这笔钱，李秀儿和刘志洋告别了北京，回到家乡。

照顾双腿截肢、生活不能自理的刘志洋不足 3 个月，李秀儿就扔下刘志洋父子，不告而别了。儿子要妈妈的哭声让刘志洋心如刀绞，而一个月后，他接到法院的传票，要求他出庭参加李秀儿提出的离婚诉讼。刘志洋看着起诉状里，李秀儿要求分割 45 万元的赔偿金，怒火中烧，这是他用双腿换来的，是他和儿子今后生活的保障，他坚决不同意分割。可是，“这是我们结婚后得到的财产啊，不是有人家一半吗?”刘志洋困惑地问乡里法律服务站的律师。

律师点评

李秀儿提出的是离婚诉讼，即要求解除和刘志洋的婚姻关系。只有在婚姻解除的情况下，才涉及财产分割的问题。因此，本案首先要解决的是是否同意解除双方婚姻关系。

如果刘志洋同意解除婚姻关系，那么，此时才涉及分割共同财产问题。夫妻共同财产的认定法律上有明确规定，参照执行即可。

而针对双方争议最大的刘志洋交通事故赔偿金是否属于夫妻共同财产，法律上并没有明确规定。

律师建议

在判断本案的时候，可以从以下方面来考虑：

如果刘志洋不同意离婚，那么，法院需要进行调解，其中要弄明白这几个问题：李秀儿照顾刘志洋不足 3 个月就离家出走，到底是什么原因？她提出离婚诉求是否经过了深思熟虑？她和刘志洋之间的感情是否已经破裂？如果有证据证明，双方之间还有感情，李秀儿离家，只是一时冲动，那么，法院在李秀儿第一次起诉离婚时，很有可能不判决解除婚姻关系，而是驳回诉求，要求双方继续维持婚姻关系，以观后效。

如果刘志洋同意离婚，那么，也就不需要考虑上面提出的问题了。双方均同意离婚，法院也不必调解撮合了，判决解除婚姻关系即可。

既然婚姻关系解除，那么，就涉及夫妻共同财产分割问题了。夫妻共同财产通常都是共同共有的状态，也就是不分份额。只有当婚姻解除（离婚或一方死亡）时，才分割。分割时，就必须区分出各自的份额了。如果没有特殊约定，双方就按照五五比例平分。对于刘志洋得到的交通事故赔偿金，是否可以按照夫妻共同财产进行平分，则需要进行甄别，未必能够如李秀儿所愿。

法律知识点

《婚姻法》第三十二条规定，人民法院审理离婚案件，应当进行调解；如感情确已破裂，调解无效，应准予离婚。因此，我们可以了解到，感情确已破裂，是法院准予离婚的条件。

《婚姻法》第十七条规定，哪些财产属于夫妻共同财产，这些财产可以在离婚时在夫妻双方之间进行分割。

《婚姻法》第十八条规定，哪些财产是夫妻一方的财产。《婚姻法司法解释一》第十九条规定，这些个人财产不因婚姻关系的存续就转化成夫妻共同财产，除非夫妻之间有约定。因此，夫妻一方的个人财产在离婚时，不能作为共同财产进行分割。

《婚姻法司法解释二》第十三条规定，“军人的伤亡保险金、伤残补助金、医药生活补助费属于个人财产”。从这条规定中，我们可以看出，和军人生命、身体和健康有关的财产属于个人所有，这是对其个人权利的有力保障。因此，我们可以推导出，和一方生命、身体和健康有关的补偿性质的财产应该归个人所有，以最有力地保障其个人权利和未来生活。

因为像刘志洋和李秀儿这样的农村家庭，可能夫妻共同财产比较少，所以，若李秀儿无法分得这笔交通事故补偿金，她在离婚后的所得将十分有限，也许有人会替她抱不平，毕竟夫妻一场，“净身出户”有点可怜。但是，从另外一个角度看，《婚姻法》第四条规定，“夫妻应当互相忠实，互相尊重；家庭成员间应当敬老爱幼，互相帮助，维护平等、和睦、文明的婚姻家庭关系”。

婚姻关系之所以受到法律保护，在于其夫妻之间相互承担责任和义务，稳定社会，和谐家庭关系。本案中刘志洋处于人生中最艰难的时刻，孩子年幼，也需要人抚养。李秀儿在此时逃离这个困难的家庭，不履行作为妻子和母亲的职责，其实是违背了法律和道德提倡的夫妻互助原则。虽然我们无法制止她的个人选择，但是，利用法律来对这样的行为进行限制和制裁，体现了法律所倡导的价值观，从而引导了社会风气，引领了人们的行为，从客观上维护了公平正义，保护了弱势的个体，比如，残疾的刘志洋和年幼的儿子。

第五篇　物业管理

一、广告进小区，由谁来决定？
二、邻居家漏水，要拆我家橱柜检修，如何是好？
三、物业费，交还是不交，这是个问题
四、公摊面积到底应该怎么用？
五、物业公司要求交 40 年的车位费，这合理吗？
六、高空坠物伤人，物业公司应该担责吗？
七、屋顶漏水，能动用公共维修基金进行修理吗？

一、广告进小区，由谁来决定？

丁丁 6 岁了，最近特别喜欢他家楼里的电梯，因为电梯里的视频平板广告换了，是一款新出的果汁饮料。他拉着妈妈，或者姥姥不停地坐着电梯上上下下，就是为了反复看这个广告。他还催促妈妈到超市给他买这个饮料，他很想尝尝鲜。

“可是，超市里还没上架呢。”丁丁妈妈说，“再说了，这种饮料不适合小孩子喝，就是垃圾食品嘛。”

只是这些理由根本说服不了丁丁，他几乎每天都要为了这个饮料，跟妈妈或姥姥闹一场。“每天坐电梯都看到这个广告，躲都躲不开。”丁丁妈妈十分无奈，“这样的洗脑广告怎么进的小区呀？有没有人管呀？”

而住在一层的娇娇一家却有另外的烦恼——因为射灯广告实在太耀眼，即便是在晚上关上门，一层电梯间映在地面的射灯广告的光亮也会钻进娇娇家的门厅，“夏天睡觉的时候，房门都是不关上的，门厅的光亮特别影响我的睡眠。这样的广告怎么就设在我家门口了？这样的广告形式是否合理，有没有人论证过，研究过呢？”娇娇妈妈有点疲惫地说。

这还不算最烦人的，丁丁妈妈和娇娇妈妈最有意见的是，每当周末，小区的运动场上，都会有各种促销活动，比如，推销酸奶的、宣传安全锁芯的、营销软化水过滤器的、销售家庭理财的，不胜枚举。几个桌子一摆，占据了运动场不小的面积，而周末又是孩子们集中玩耍的时间，顿感空间狭小，让孩子们的游戏受到影响。对于这些推销人员怎么进的小区，有没有申请批准手续，是否需要交纳管理费，等等问题，不仅丁丁妈妈和娇娇妈妈不知道，小区里的很多业主都不清楚，大家一方面觉得这些销售活动影响了自己的生活，另一方面又不知道该找谁去问，不知道到底谁有权决定这些事情。

律师点评

小区里面设置广告，增加收入，无可厚非。但是，关于公共区域广告的设置、播放、内容和形式、费用标准、费用归属等的确不是物业公司独自决定的，而是需要业主同意。现在各个小区里面的广告多如牛毛，播放形式也是声光电齐备，给业主带来困扰非常常见。因此，规范广告进入小区的程序，明确业主的权利显得特别有必要。

在这个过程中，《物权法》和《物业管理条例》是所依据的最重要的法律法规。

律师建议

对于已经成立业委会的小区来说，这个问题比较好解决，如果业委会认真履职，那么，对于业主反映的广告扰民的问题，业委会有权要求物业公司进行整改。广告收入的使用和监督，业委会也有权过问，不会是一笔糊涂账。

对于没有成立业委会的小区来说，这个问题就比较麻烦。因为一部分业主对于广告的意见不能代表所有业主的看法，即便把意见提出给物业公司，也会因为不具备代表性，或代理权，而被物业公司忽视或置之不理。

如果广告问题很严重，对居民的正常生活造成较大困扰，那么，业主代表可以多征集一些业主签名和他们的建议，让自己更多更广泛地得到其他业主的支持，进而和物业公司进行协商，要求其进行整改。

法律知识点

《物权法》和《物业管理条例》均明确规定，业主对建筑物内的共有部分享有共有和共同管理的权利、利用物业共用部位、共用设施设备进行经营的，应当在征得相关业主、业主大会、物业服务企业的同意后，按照规定办理有关手续。

对于广告进小区，已经设立业委会的小区来说，需要征得业委会的同意，才可进场，并遵守相关法律规定和小区公约的规定，广告收益由全体业主共有。未设立业委会的小区，则需要过半业主同意才可以进场，收益也属于全体业主共有。

不过，未设立业委会的小区的过半业主同意的规定，在现实中很难操作。而因为物业管理费收缴率偏低，或者物业费收费标准多年未涨，导致小区物业管理费用无法满足实际需要，所以，广告收入成为弥补不足的常规做法。如果一味强调过半业主同意，才能做广告，那么，对于物业公司来说，经费捉襟见肘。对业主来说，物业费不足，引发物业服务质量下降。

目前最可行的方法，就是物业公司和业主进行协商，保证广告安装和播放不影响业主正常生活，同时将收益进行公示，不损害业主的合法权益。只要不存在扰民情况，不存在中饱私囊的情况，那么，小区里面的广告应该是一个多方共赢、弥补物业费不足的好事情。

二、邻居家漏水，要拆我家橱柜检修，如何是好？

陈阿姨家住 3 楼，5 年来和邻居相安无事，融洽相处。可是，最近几个月，却不胜其烦。因为住在 2 楼的李大爷一家频繁上楼来，说家里的厨房漏水，是陈阿姨家的管道出了问题，要陈阿姨检修，并赔偿漏水造成的损失。

陈阿姨觉得冤，因为房子是精装修的，她入住时结构和设施设备都没动，买了家具直接搬进来的。现在，楼下厨房漏水，怎么就跟陈阿姨有关呢？双方商量不成，就找物业公司来评理。而物业公司却说，他们可以帮忙进行检修，找到漏水点，但是，他们不负责修复检修时损坏的陈阿姨家的橱柜。陈阿姨觉得这是“飞来横祸”，凭什么要自己承担橱柜被破坏的损失呢？而李大爷也觉得，本来自己就是受害人，断没有理由为陈阿姨的损失埋单。物业公司只是承担维修责任，如果让他们来赔偿橱柜，他们宁可连协助检修漏水点的活都不干了。而有关漏水的保修责任，通常为两年，因此，开发商在《保修手册》里面承诺的保修责任也早已到期，即便是找到漏水点，他们也没有保修义务，仅承担维修责任，并且有权收取费用。自然，陈阿姨家的橱柜损失的赔偿并不在他们的责任范围内。

各方各执一词，谁也说服不了谁。李大爷家厨房漏水问题持续，陈阿姨照常拒绝物业公司上门检修。终于，李大爷忍无可忍，一纸诉状将陈阿姨告上法庭，要求陈阿姨配合物业公司检修漏水点，并赔偿他因为漏水问题遭受的损失。

在法院审理过程中，李大爷提供了厨房漏水的证据，一幅幅照片显示着被水浸泡的厨房墙体、橱柜、灶台等的惨状。物业公司作为第三人参与诉讼，也提交了他们对 4 楼住户管道检修的报告，证明 4 楼的主管道和户内管线均没有漏水点，根据推测，漏水点很有可能就在 3 楼陈阿姨家。而陈阿姨所能够提供的证据无非是当时买房的合同，证明房屋是精装修，自己从未改动管线。可是，这些东西并不能说明李大爷家的漏水和她无关啊。因为入住 5 年，管道正常使用出现损耗在所难免，所以入住时精装修、未改动设施设备，并不能免除目前的漏水责任。经过了开庭审理，陈阿姨明显感觉到了自己的弱势，不知道该怎么为自己申辩。

考虑到李大爷家漏水的问题日益严重，损失逐日增加，法院很快就下了判决：要求陈阿姨必须配合物业公司入户检修管线，查明漏水点。同时，法院以李大爷提出的损失赔偿要求缺乏证据为由，予以驳回。

律师点评

因为陈阿姨和李大爷是楼上楼下的邻居，所以他们之间适用《民法通则》和《物权法》中有关“相邻关系”的规定。陈阿姨配合物业公司进行漏水点的查找是其作为李大爷相邻一方的责任和义务，不能拒绝。因此，法院依据上面两部法律的规定，判决陈阿姨履行配合义务，是完全正确的。

不过，陈阿姨的想法也是有道理的，陈阿姨配合物业公司入户检修管线，是其作为相邻关系一方必须履行的责任，同时，也是查明漏水原因的必须手段，是进一步向开发商主张权利和维护自身权益的基础。因为既然漏水点的出现不是陈阿姨的责任，那么，很可能就是开发商的房屋质量问题，所以，如果能够证明这一点，那么，陈阿姨在配合李大爷和物业公司入户检修之后，有权就自己遭受的损失向开发商提出赔偿要求。

律师建议

其实大家大可不必将思路局限在“保修责任”上，法律上，可以采取的救济手段不止这一个，因此，需要专业人士为大家出谋划策。

现在各个法院对于“保修责任”和“产品质量责任”的区分与认定还有不同意见，但是，从保护消费者权益、提供产品质量的角度来看，尽快明确隐蔽工程的质量责任、保修期限，是解决此类纠纷的关键。

法律知识点

相邻关系是指土地、土地上的自然物或建筑物的相邻所有人在使用或经营这些相邻的不动产时，相互发生的权利义务关系。在相邻关系中，一方在使用或经营自己的不动产时，负有不得妨碍对方合理行使权利的义务，同时也有权要求对方不妨碍和侵犯自己权利的合理行使。

《民法总则》《物权法》都是规定相邻关系人之间，应当按照有利生产、方便生活、团结互助、公平合理的原则，正确处理排水、通风、采光、截水等方面的相邻关系。

漏水点查找后，针对陈阿姨顾虑的橱柜损失问题，我们可以运用不同的思路来处理，这涉及“保修责任”和“产品质量责任”两个不同领域的概念，也是目前争论比较大的问题。

如果经过检修发现漏水点在主管道上，那么这个属于开发商的责任，陈阿姨无须对李大爷家的漏水负责，因此，他们家被损坏的橱柜要由开发商来赔偿。

如果经过检修发现漏水点在陈阿姨家的分管线上，那么情况就比较复杂了。虽然开发商对于管线漏水的保修责任是两年，但是，他们对于管线的产品质量责任期限却和保修期是不同的概念。按照管线材质的不同，通常的正常使用寿命应该是 20 年左右。但是，因为我国的《产品质量法》和《消费者权益保护法》针对生产者、经营者的产品质量保证责任规定有差异，并且语焉不详，所以，在现实中，对于这种隐蔽工程的产品质量期限的认定，很多人都采用“保修期”的概念，大大缩短了作为产品提供商的开发商的责任期限，损害了消费者对于产品质量的知情权。

本案中，如果将开发商应当承担的责任限定为“保修责任”，那么两年期满，分管线出现漏水情况，属于正常使用后出现的自然损耗，入住已经 5 年的陈阿姨理应对楼下的漏水承担赔偿责任，其橱柜因检修被破坏的损失也要由自己承担。而如果将开发商应当承担的责任理解为产品质量责任，那么，入住仅仅 5 年就出现分管线漏水，且没有证据表明陈阿姨有破坏、不当使用的情况，那么，陈阿姨的损失自然应当由开发商来负责。

三、物业费，交还是不交，这是个问题

唐先生几年前购买了一套商品房，虽然价格不菲，但是，也仅仅是一个普通住宅。高层塔楼的设计，合院式园区，八栋楼房构成了一个独立的小区环境。终于有了属于自己的房子，唐先生很兴奋，带着妻儿入住之后，就别无他求，想着自己能一直住在这里，安享岁月静好。

可是，事情的发展却让他始料未及。小区建成入住后两三年的时间，因为物业管理公司的服务不到位，存在很多问题，小区里面很多业主都开始不缴纳物业费了。而物业公司几次整改都没成功，最后破罐子破摔，对小区管理不再上心，只勉强维持基本的保安和保洁。

今年 4 月，又到了该交物业费的时间了，唐先生也开始纠结了。每天看着小区大门口懒洋洋的、无精打采的老保安，看着几天都没人清扫的楼道和垃圾桶，唐先生特别生气，心想：干脆今年自己也不交物业费了，不能惯着物业公司，也不能给别人当冤大头。

可是，他听说凡是没交物业费的业主，都被物业公司告上法庭，并且都胜诉，最后业主也都乖乖地补交了费用。“要是最后是这样的结果，我也不瞎折腾了。毕竟小区是自己的，因为物业

管理不好，这个小区的房价都比周边小区低不少呢。”唐先生对自己的律师朋友说。

面对唐先生的困惑，律师朋友问：“这个物业公司这么差劲，你们怎么不撤换掉它呢?”

“我们没有业主委员会，这件事没人出面做啊。”唐先生回答。

这是当前绝大多数住宅小区面临的状况，也是亟待解决的问题。

律师点评

根据北京市有关部门的统计，成立业委会的住宅小区不足5%。因此，当业主对小区物业管理有意见、有不满时，就只能通过个人身份进行反映，很难形成一个能够跟物业公司抗衡的力量，不利于对物业公司的工作给予有效监督。

对于已经设立业委会的小区来说，更换物业管理公司按照《物业管理条例》的规定程序进行即可。虽然现实中，该程序烦琐复杂，但是，毕竟是有业委会主持工作，有章可循，可以进行下去的。

对于没有设立业委会的小区来说，即便有《物业管理条例》的规定，也有业主大会，但是，缺少具体执行此事的业委会，使得法律规定无法落实和执行，更换物业管理公司也就成为一个难以完成的任务。

律师建议

业主买房入住时签署的《物业管理公约》其实就是一份合同，不论是物业管理公司，还是业主都必须遵守。物业管理公司向业主追缴管理费时，也是依据的这份合同。

正因为有合同关系，所以，如果业主没有翔实的证据说明物业公司的服务不符合物业合同标准，则业主还是应该支付物业费的，在这个层面讨论问题，业主通常不占优势。很多物业费纠纷都是以物业公司胜诉结束的。

鉴于此，业主单方面以自己的感受作为理由，拒绝支付物业费的行为，是很难得到法律支持的。如果物业公司的服务的确有问题，不匹配物业收费标准，那么，业主们需要收集证据，从收费标准、服务内容和款项监督等方面来进行抗辩，由此来为自己增加谈判的砝码，获得有利的地位。

法律知识点

目前针对住宅小区物业管理，全国性法律法规就是《物权法》和《物业管理条例》。同时，各地根据自身情况，也制定有地方性的物业管理法规。比如，《北京市物业管理办法》《上海市住宅物业管理规定》等。

根据法律规定，开发商在销售房屋时，应当选聘物业管理公司，并签署前期物业管理合同，告知购房人，且签署书面协议，共同遵守前期物业管理合同。这样规定的目的是为了在房屋交付入住和业委会成立之间的过渡期间内，保证小区管理工作的顺利开展，维护小区的安全和清洁。

开发商选聘的物业管理公司如果工作不得力，则在业委会成立之后，可以负责召集业主大会，解聘原来的物业公司，选聘新的物业公司。这方面的程序规定详见《物业管理条例》和各个地方性法律法规。

如果小区没有成立业委会，按照法律规定，业主大会是有权解聘和选聘物业公司的，只不过，业主大会的召集和召开需要符合《物业管理条例》和其他地方性法律法规的要求，没有作为业主代表的业委会的张罗，业主大会选聘和解聘物业公司的目的是很难实现的。

目前，没有设立业委会的小区如果想更换物业公司，只能由业主们向开发商提出要求，毕竟前期物业管理合同是开发商和物业公司签署的，开发商有义务敦促该物业公司认真履行前期物业管理合同。更换物业公司的决定是由开发商做出的，解聘原物业公司和选聘新物业公司由开发商出面来完成，但是必须明确告知全体业主，并不得因此加重业主的负担或损害业主的合法权益。

四、公摊面积到底应该怎么用？

小康夫妇最近很烦恼，不过说起来，又有点不好开口。事情是这样的：

小康夫妇居住的房子是一栋高层塔楼，每层 8 户，因为结构的原因，每层的 6 号房间和 7 号房间的门挨得特别近。小康夫妇住在 10 层 6 号，而 7 号房间的邻居却总是把鞋脱在门外，一家子人的大大小小五六双鞋放在那里，导致小康夫妇开门的时候，经常会受到阻碍，有时候还被鞋子绊倒。他们和邻居沟通过好几次，对方态度挺好，却始终没有改变，仍然我行我素。

无奈之下，小康找到物业公司，想敦促他们去做邻居的工作，让他们能顾及一下别人的感受，不要再把鞋脱在门外了，夏天楼道里的气味也因此的确不太好闻。没想到，物业公司的工作人员却表示难以出面沟通，理由是：楼道是公共分摊面积，大家都可以使用，不能阻止邻居的行为。对此，小康夫妇觉得很不解，公共分摊部分的面积不是全体业主所有吗？既然大家共有，为什么物业公司不能阻止邻居这种擅自使用的行为呢？

其实，小康夫妇的疑惑是很多人都碰到的，针对公共分摊面积的权利归属和使用，的确存在很多误区，引发矛盾纠纷。

律师点评

我国目前大量建设的住宅、写字楼等建筑属于集合式建筑，《物权法》第六章“业主的建筑物区分所有权”，专门规定了现在这种集合式建筑的专有部分和共有部分权利的归属和行使。现在的商品房买卖的有关规定和示范合同等，也都根据物权法的内容进行设计，特别是关于共有部分的权利归属、使用、收益和管理等，已经形成了一套完整的制度，相关概念和意识也深入人心。

集合式建筑的公摊部分是保证其功能性的必要部分，无法做到绝对没有。建筑设计部门和规划部门也有总体把控，大概住宅得房率在70%左右，商业建筑得房率在65%左右。至于有些人说的极低得房率，属于不规范的做法，或者监管不力。

律师建议

像小康夫妇居住的房子，楼道肯定是公共区域，是整个建筑物中无法或缺的为公共利益服务的面积，应当已经分摊到公摊面积中了，归全体业主共有。既然如此，这部分的使用应当遵守公共服务的原则，邻居将自家的鞋脱在楼道，其实就是将公共区域作为专有部分来使用了，这违背了公共区域的使用原则。更何况，他们的使用还给他人带来不便，影响了其他人使用公共区域，就更加错误了。

因此，小康夫妇一方面可以让物业公司出面，利用物业管理公约中有关公共空间使用的约定来要求邻居进行改正；另一方面，也可以利用相邻权理论，和邻居进行协商，告知其行为的不当，尽量和平解决，不要发生冲突。

法律知识点

前些年，我国的商品房销售都是按照建筑面积计价的，建筑面积包括所购房屋的套内建筑面积和根据公式计算出来的该房屋分摊的公共面积两部分。套内建筑面积对应的部分为专有部分，是购房人单独享有使用。公共分摊面积对应的部分是全体业主共有，按照共同共有的原则享有使用。

现在，按照套内面积计价是很多人的呼声，认为有助于降低房价，明晰房屋产权范围，防止开发商投机取巧，等等。这些说法都有道理，但是一旦全面按照套内面积计价，则还需要考虑清楚如下问题。比如，公摊面积属于谁？其权利和义务由谁承担？公摊面积基本上都和房屋公共服务有关，如锅炉房、楼梯间、配电室等，如果不是进行分摊，那么，权属归谁？今后的维护和使用费用怎么解决？这些都必须明确。

如果真的出台规定，房屋按照套内建筑面积计价，那么，也不可能让开发商退钱。“法不溯及既往”是一个基本原则，想当初按建筑面积购买了，也已经实际履行了，那么，购房者就无权再要求退款了。更何况，即便是按套内面积计价，那些必须有的公摊面积（因为公共设施是不可少的）和其成本也已经计算在房价里面了，并非开发商没有收取。从这点上看，其实是背着抱着一样沉，该有的还是要有，谁也逃不掉。

五、物业公司要求交40年的车位费，这合理吗?

欧先生居住的小区已经建成10多年了，当时买房时，车位分地上和地下两种，数量充足，一点不紧张，地上车位没有长租，一律按照小时收费。地下车位每月租金400元，含管理费。这么多年来，欧先生每年跟物业公司签订一次地下车位租赁合同，按年缴纳地下车位租金。

6年前，物业公司曾经想提高车位租金，但是业主们都反对，还闹到街道办事处了，经过政府协调，暂时没涨价。可是，随着私家车的增多，最近两三年，小区的车位数量明显不足，停车问题成了困扰大家的大麻烦。小区里几乎每天都发生因为停车而产生的纠纷，不是地上车位被临时车占满了，业主回家无处停车导致的投诉，就是地下车位不足导致的业主之间争抢车位引发的矛盾。欧先生因为有和物业公司签署的车位租赁合同，其车位是固定的，所以他自己并未在意这些事情，每每听邻居聊天说起，他也是淡然一笑，觉得跟自己没关系。

可是上个月，当欧先生按照以前的惯例，再次来到物业公司办公室要求续签车位租赁合同时，却被告知：为了解决业主停车问题，最大限度减少车位闲置，物业公司要求业主一次性缴纳40年的停车费，否则，就不同意续签车位租赁合同。他们给出的理由是：只有愿意缴纳 40 年车位费的业主，才是真正需要车位的，这些业主使用车位稳定，方便物业公司对车位进行有效管理，提高使用效率。

欧先生觉得物业公司的这套说辞简直不可理喻，但是他又不知道该怎么驳斥，更不知道接下来应该怎么办。于是他找到了自己公司聘请的法律顾问，想问问专业人士的意见。

律师点评

欧先生和物业公司签署的车位租赁合同到期时，物业公司提出其他要求是可以的，同时，欧先生有权决定同意或者不同意。

不过，即便物业公司有权提出新的续签要求，但是这些要求也必须符合法律规定，而不能漫天要价。根据《合同法》的规定，租赁合同的最长期限是 20 年，而物业公司要求欧先生一次性缴纳 40 年车位租金，也就是意味着双方之间的租赁合同要签 40 年，这样的方式就违反法律规定了，法律只保护 20 年的租约，后面 20 年不受保护。

律师建议

欧先生有权不签署这个 40 年期限的租赁合同。但是如果物业公司修改为 20 年期限的合同，那么，欧先生就无法利用这一条来对抗对方了，只能寻求其他方法，比如，请业委会出面跟物业公司沟通，看看他们调整价格的行为是否经过业委会同意，是否履行了有关程序。

法律知识点

物业公司向业主出租车位，那么，物业公司首先要有出租权，这个出租权也许源于其对车位拥有的所有权，也许源于车位所有人让渡给物业公司的经营管理权。因此，在签署租赁合同前，业主们必须弄清楚这个问题，以保证租赁合同的合法有效性。

《合同法》第二百一十四条规定，租赁期限不得超过二十年。超过二十年的，超过部分无效。

《物权法》第七十四条的规定，小区规划车位应当首先满足小区业主的需要。因此，如果物业公司是为了解决业主停车难问题，提出现在的修改方案，是可以的。否则，就是侵害业主合法权益，业主有权反对并要求撤销。

针对小区车位租赁合同发生的如此重大变化，业主委员会是有权进行监督和表决的。设立了业委会的小区，业委会有权召集业主大会对车位租赁合同的重大变更进行讨论并表决。如果小区没有设立业委会，那么，业主代表可以召集小区业主向物业公司的行政管理部门反映情况，提出意见和建议，共同寻找恰当的解决办法。

总之，小区车位租赁合同的变更、车位租金的调整涉及全体业主的切身利益，属于小区公共事务，不能简单地将其视为只是业主个人和物业公司之间的租赁合同。对于涉及公共利益的小区管理事务，业委会、业主大会、全体业主和房屋行政管理部门都有权参与意见，共同讨论决定。《物权法》《物业管理条例》和各地自行制定的当地物业管理办法中都有一些规定，因此，作为业主的欧先生可以依据这些法律法规主张自己的权利，和其他业主一起，寻找可行方案，妥善解决问题。

六、高空坠物伤人，物业公司应该担责吗？

蔡先生至今不愿意提及父亲的事情，可是，因为索赔事宜的久拖不决，他不得不一次次地面对那些讨价还价的人，一次次地撕裂心里的伤口。

两年前，蔡先生的父亲，蔡老先生外出吃早饭，行至小区临街1号楼的楼下时，被楼上落下的一个玻璃茶杯砸中头部，当场死亡。这个飞来横祸让一家人陷入悲伤和气愤，他们难以接受这样的事实。在办理完蔡老先生的后事之后，蔡先生和母亲就将小区的开发商、物业公司和除一层住户之外的、所有窗户临街的住户都告上法庭，要求他们对父亲的去世承担责任。

在案件审理过程中，除了开发商的责任比较好区分之外，物业公司和住户们的责任区分和承担颇费周折，很多邻居平时虽然相处融洽，但是一到法庭就变得好像陌生人，对蔡先生的遭遇表现得无动于衷，连一点点金钱补偿都不愿意给，甚至恶语伤人。

经过大半年的法庭调查和取证，楼上64户居民中，除了3户有证据证明事发时家中无人，不用承担责任之外，其余61户都被法院认定为应当承担补偿责任。另外，物业公司的责任认定也是一个难题，因为案发的地点是小区管理范围之外，在1号楼楼下的人行道上，物业公司认为自己对此没有管理权，不应当为此事承担责任。

就在这样的扯皮和不断辩论中，在法院两次延长审限后，蔡先生终于收到法院的判决书，里面内容显示，法院认定物业公司和 61 户居民应当共同承担补偿责任，物业公司承担 30%，居民共同承担 70%，平均下来，每户居民需要支付 4000 元左右补偿款。

但是，判决书生效后一年多了，蔡先生只收到了物业公司支付的款项，居民中付款的只有 11 人，其他人都还没动静。“我不想催他们，”蔡先生说，“毕竟大家抬头不见低头见的。可是，我一想到也许真正的凶手就在没付款的人当中，我的心里就觉得难过。”

律师点评

因为重力加速度的原因，一个啤酒瓶盖自 10 米高空落下时，其冲击力相当于 15 公斤，足够砸坏汽车玻璃，更何况人的脑袋。而集合式建筑的特点，在没有监控探头的情况下，又很难准确判断谁是罪魁祸首。

日常生活中，我们常见随手丢弃垃圾到楼下的情况，但是，绝大多数人却视而不见，觉得跟自己没有关系。殊不知，在这种责任人不确定的情况下，对于受害人的救济和补偿在法律上并非空白，以前有《民法通则》中的公平原则和严格责任制度适用。现在，有《侵权责任法》的规定可以解决这个问题。

律师建议

已经入住多年的小区，发生高空坠物的意外，受害者想追究开发商的依据是不存在的，因此，在此案中开发商可以免除责任。

追究物业公司和住户的责任适用不同的归责原则，前者是依据物业管理合同，物业公司应当承担合同违约责任。而后者则依据侵权责任的有关规定，涉嫌高空抛物的住户都有可能承担侵权责任。

法律知识点

认定物业公司是否担责，适用的是合同责任。即物业管理公司和业主之间签订有《物业管理合同》并承诺履行与其相关的物业管理公约和其他文件，因此，物业管理公司应当忠实全面履行其中的合同义务。如果有证据证明，物业管理公司在履行合同责任方面，存在不足或瑕疵，对事件发生结果有影响，那么，物业管理公司也应该承担相应法律责任。

本案中，虽然物业管理公司抗辩称，事发地点为小区红线之外的人行道，不属于其管理范围，但是，事实上，物业管理公司无法完全排除责任：

加害人的地点是小区 1 号楼上，是物业公司的管理范围。楼下人行道不过是受害地点。

1 号楼一层商铺均为物业公司经营管理，事发地点是其中一家商铺的“门前三包”范围，物业公司对其并非没有管理权。

事发时，小区的监控探头损坏，没有记录下当时的情形，导致蔡先生无法找到加害人。

也是基于这几点，法院酌情判决物业公司承担全部补偿责任的 30%，还是很公允的。

针对其他住户的索赔适用《侵权责任法》第八十七条，“从建筑物中抛掷物品或者从建筑物上坠落的物品造成他人损害，难以确定具体侵权人的，除能够证明自己不是侵权人的外，由可能加害的建筑物使用人给予赔偿”。

在适用这一条时，其实法律上没有采用“过错推定原则”，而是一种“因果关系推定”，被指控为加害人的被告，只要能证明自己和高空坠物，以及损害结果之间没有因果关系，就可免责。但是，在现实中，就像受害人搞不清楚到底谁才是那个扔东西的人一样，被告也无法证明自己跟坠物和损害之间没有关系。

将所有具备嫌疑的建筑物使用人都列为被告，显然减轻了受害人的举证责任，可以更好地在司法实践中，体现侵权责任的承担原则。另外，在具体加害人不明的情况下，最终被判承担责任的被告，所承担的并非赔偿，而是补偿。这更体现了《民法通则》中的公平原则，和社会成员间的相互救助。这种补偿不是为了完全弥补受害人的损失，而是为了给予安慰，体现社会的温情。

七、屋顶漏水，能动用公共维修基金进行修理吗？

姜女士 10 年前购买了一套联排别墅，地上 3 层，地下 1 层。因为孩子在市区上学，所以这套位于郊区的别墅基本没住过，只是进行了简单装修。

大概从 5 年前，姜女士就发现 3 层主卧的房顶每逢夏季就渗水，留下一片污渍。不过，因为房子的使用率不高，而且还有其他卧室，所以，姜女士并未在意。可是，去年一场大雨过后，姜女士接到物业公司的电话，说因为她家屋顶漏雨，连累了邻居，现在邻居和物业公司都要求她回来解决修复和赔偿事宜。

经过查验，姜女士了解到，她的房屋屋顶漏水，是因为她的房屋所在的这栋楼的顶层防水有问题，不仅是她家漏水，另外几个邻居家也有类似情况。只不过，刚刚过去的这场大雨加重了这种情况，姜女士家的 3 楼主卧漏雨，没有及时清理，雨水渗透到隔壁邻居家，导致邻居家的地板受损，要求姜女士赔偿。而姜女士觉得房屋漏雨不是自己的责任造成的，不应该由自己承担赔偿责任，而应该由开发商和物业公司负责。

几方人员争执不下，每一方都貌似很有道理，都很无辜。但是，姜女士和邻居的损失是明摆着的，不可能无人负责。而开发商交房多年，早已经退出小区，连留守人员都找不到了。物业公司根据《物业管理合同》和《物业管理公约》来履行职责，其中并没有要对整栋楼屋顶进行维修的内容。此事应该如何处理，才能取得比较好的结果呢？

律师点评

房屋是不动产，是耐用品，因此，在房屋的保修期届满之后，对房屋如何进行维修养护是一个需要明确责权利的问题，涉及每一个家庭的切身利益。

在房屋交付使用的时候，开发商都会给业主一份手册，里面注明了房屋各个部位的保修期，其中防水的保修期大多是5年。保修责任的承担者是开发商。

保修期届满之后，开发商不再承担保修责任，但是，如果出现需要维修的情况，那么，开发商或物业公司根据法律或合同约定还是需要承担维修责任的，也就是说，出现问题是要有人管的，但是，这个责任不是保修责任，而是维修责任，有权收取一定的费用。

对于需要较大资金的公共部位和设备的大中修以及更新改造，法律上设定有公共维修基金来进行解决。不过，这个基金的申请和使用有着特殊的要求和程序，以避免被滥用或挪用。

律师建议

已经交房入住10年的房屋出现顶层漏水的情况，也是正常，防水早已经过了保修期。因此，此时并不存在追究开发商质量责任的情况，只能从如何进行维修的角度来考虑。

既然是维修房屋，那么，这就是物业公司的职责范围了。从目前情况看，姜女士和邻居家的损失均是漏雨导致，这些损失和物业公司履行职责之间存在因果关系，是需要厘清各方责任的领域。几方可以就这个领域展开辩论，以确定各自的责权利。

针对维修楼顶防水的工作，物业管理公司如何履职，是否工作到位，都会对问题解决产生关键影响。特别是整栋楼的楼顶防水的维修工作涉及的工作量和费用都比较大，是否在物业公司日常维保工作范围内，是否需要特殊的审批程序和动用较大资金，都需要明确。如果的确需要使用公共维修基金，那么，申请动用公共维修基金的程序和手续又是什么，是否对物业公司履行职责造成影响，导致姜女士和邻居家损失的产生和扩大。

另外，邻居家对姜女士的索赔要求并非没有道理，如果姜女士家中有人，那么，她可以及时清理漏水，不会导致雨水蔓延，弄坏了邻居家的地板。对此，姜女士自己也要有一些思想准备，最好能真诚地跟邻居协商，争取友好解决。

法律知识点

物业管理费是指物业管理公司依据物业管理服务合同为物业使用人或所有人提供物业管理服务，物业管理使用人或所有人依据物业管理服务合同应当付出的费用。日常生活中，大家也称之为物业费和物业管理服务费。

商品房的物业管理费一般由以下一些项目构成：

公共物业及配套设施的维护保养费用，包括外墙、楼梯、步行廊、升降梯（扶梯）、中央空调系统、消防系统、保安系统、电视音响系统、电话系统、配电器系统、给排水系统及其他机械、设备、机器装置及设施物业管理费等；

聘用管理人员的薪金，包括工资、津贴、福利、保险、服装费用等；

公用水电的支出，如公共照明、喷泉、草地淋水等；

购买或租赁必需的机械及器材的支出；

物业财产保险（火险、灾害险等）及各种责任保险的支出；

垃圾清理、水池清洗及消毒灭虫的费用；

清洁公共地方及幕墙、墙面的费用；

公共区域植花、种草及其养护费用；

更新储备金，即物业配套设施的更新费用；

聘请律师、会计师等专业人士的费用；

节日装饰的费用；

管理者酬金；

行政办公支出，包括文具、办公用品等杂项以及公共关系费用；

公共电视接收系统及维护费用；

其他为管理而发生的合理支出。

另外的项目详见相关物业公司的具体规定。相关物业公司保留最终解释权。

为了防范物业管理公司乱收费、高收费，房屋所在地的房屋行政管理部门（比如，北京）都会要求物业管理公司在和业主签署物业管理合同之前，将收费标准报政府管理部门备案，对于收费不合理的，要求其调整和整改。只要是正规开发的项目，都需要遵守这样的规定。

公共维修基金是指按建设部《住宅共用部位共用设施设备维修基金管理办法》（建住房〔1998〕213号）的规定，住宅楼房的公共部位和共用设施、设备的维修养护基金。按照法规规定，共用部位是指住宅主体承重结构部位(包括基础、内外承重墙体、柱、梁、楼板、屋顶等)、户外墙面、门厅、楼梯间、走廊通道等。维修基金用于物业保修期满后共用部位、共用设备设施的大中修和更新改造。

从公共维修基金的规定中可以看出，该基金使用的时间必须在保修期届满之后，而且使用的用途为共用部位、共用设备设施的大中修和更新改造。这和物业管理费的区别是非常明显的，即该基金是为了解决共用部位和设备的“大病”，而物业管理费中的一部分则大多用于这些部位和设备的日常维护保养。

公共维修基金是业主缴纳的（房改房是由职工单位和职工本人共同筹措)，所有权属于业主，由政府房屋管理部门负责监管。正因为这样的设计，所以，要是想动用公共维修基金，就必须征得业主的同意。具体步骤为：

业主委员会成立后，由业主委员会对物业公司的大修、中修和更新改造计划和方案进行评估，批准后，物业公司按此批准进行。待工程完成验收后，由物业公司持业委会的证明到指定银行的专有账户支取相关费用。

未成立业主委员会的小区，则可以由物业公司向当地房屋管理部门提出申请，聘请中立的第三方评估机构对拟进行的小区公共部位或设备的大中修或更新改造项目的必要性和费用定额等进行评估，然后，物业公司按此评估报告进行施工。施工完成后，物业公司持结算发票和中介机构出具的验收证明，到基金代管单位支取费用。